SYDNEY WARBURG

I FINANZIATORI SEGRETI DI HITLER
LE FONTI FINANZIARIE DEL NAZIONALSOCIALISMO

Sydney Warburg
(1880-1947)

Lo pseudonimo "Sydney Warburg" rappresenta un autore singolo o un collettivo di scrittori anonimi. Hanno scritto un libro che descrive in dettaglio il sostegno finanziario al partito nazista da parte dei banchieri americani dal 1929 al 1933. Il titolo olandese del libro, "*De geldbronnen van het Nationaal-Socialisme: drie gesprekken met Hitler*", allude a tre conversazioni che, secondo Warburg, Sydney avrebbe avuto con Adolf Hitler. L'attribuzione originale del testo è "*Door Sydney Warburg, vertaald door J.G. Schoup*" (Di Sydney Warburg, tradotto da J.G. Schoup).

Tradotto in italiano e pubblicato da
Omnia Veritas Ltd

www.omnia-veritas.com

© Omnia Veritas Limited - 2024

Tutti i diritti riservati. Nessuna parte di questa pubblicazione può essere riprodotta, memorizzata in un sistema di recupero o trasmessa in qualsiasi forma o con qualsiasi mezzo, elettronico, meccanico, di fotocopiatura, di registrazione o altro, senza la preventiva autorizzazione scritta del proprietario del copyright.

NOTA DELL'EDITORE	9
INTRODUZIONE	13
1929	21
1931	48
EPILOGO	109
ALTRI TITOLI	145

Nota dell'editore

Il ritaglio di giornale che appare qui sotto è apparso su molti dei principali giornali degli Stati Uniti ed è stato ricevuto da tutte le principali reti televisive. Per quanto ne sappiamo, nessuna delle reti televisive ha riportato la storia.

L'ultima riga del comunicato UPI dice che il manoscritto sarebbe stato ripubblicato il 1° dicembre 1982. Il 4 gennaio 1983 abbiamo ricevuto la notizia che l'editore aveva "cambiato idea" e non avrebbe ristampato il documento. Non è stata fornita alcuna motivazione. Quindi, negli ultimi 50 anni questo libro è stato soppresso due volte. Non si sa quali siano le forze che hanno provocato tutto ciò, ma se sono così potenti, abbiamo tutte le ragioni per credere che avremo loro notizie in futuro.

Questa terza versione del manoscritto, pur essendo fedele all'originale nella verbosità, ha corretto gli errori di ortografia e punteggiatura precedentemente non modificati.

Ora è la storia a giudicare l'autenticità del libro.

San Jose Mercury News-Sabato, 25 settembre 1982

I banchieri statunitensi aiutarono Hitler, sostiene un libro

MONACO, Germania Ovest (UPI) - Una casa editrice ha dichiarato venerdì di aver scoperto un libro in cui si sostiene che i banchieri americani abbiano fornito ad Adolf Hitler milioni di dollari per aiutare a costruire il suo partito nazista.

La casa editrice Droemer Knaur ha dichiarato di aver ricevuto una copia del libro da un medico olandese e di essere convinta della sua autenticità.

Hanno detto che il libro, scritto dal defunto banchiere statunitense Sidney Warburg, è scomparso durante la guerra.

Warburg, comproprietario della banca newyorkese Kuhn Loeb and Cie. ha descritto nel libro tre conversazioni avute con Hitler su richiesta di finanzieri americani, della Banca d'Inghilterra e di aziende petrolifere per facilitare i pagamenti al partito nazista, ha dichiarato l'editore.

Secondo gli editori, Hitler avrebbe ricevuto 10 milioni di dollari da Kuhn Loeb and Cie. nel 1929, altri 15 milioni nel 1931 e 7 milioni quando Hitler prese il potere nel 1933.

Nel libro Warburg si descrive come "strumento vile" dei suoi colleghi bancari americani per aver organizzato accordi con Hitler.

Il libro è stato pubblicato in Olanda nel 1933, poco prima della morte di Warburg, ma è scomparso durante la guerra dopo che il suo traduttore e il suo editore sono stati assassinati, ha dichiarato il portavoce dell'editore.

Ha detto che si pensa che siano stati i nazisti a compiere gli omicidi e che hanno distrutto le copie del libro per evitare di essere screditati.

Il libro sarà ripubblicato il 1° dicembre sust con il titolo "Come è stato finanziato Hitler".

Introduzione

Il libro che state per leggere è uno dei più straordinari documenti storici del 20 secolo.

Dove Hitler ottenne i fondi e il sostegno per raggiungere il potere nella Germania del 1933? Questi fondi provenivano solo da importanti banchieri e industriali tedeschi o anche da banchieri e industriali americani?

L'importante nazista Franz von Papen scrisse nei suoi MEMOIRS (New York: E. P. Dutton & Co, Inc. 1953) p. 229, "... il resoconto più documentato dell'improvvisa acquisizione di fondi da parte dei nazionalsocialisti è contenuto in un libro pubblicato in Olanda nel 1933, dalla vecchia e affermata casa editrice di Amsterdam Van Holkema & Warendorf, intitolato DE GELDBRONNEN VAN HET NATIONAAL SOCIALISME (DRIE GESPREKKEN MET HITLER) con il nome di 'Sidney Warburg'".

Il libro citato da von Papen è quello che state per leggere ed è stato effettivamente pubblicato nel 1933 in Olanda, ma è rimasto sulle bancarelle solo pochi giorni. Il libro fu epurato. Ogni copia - tranne tre accidentali sopravvissuti - fu ritirata dalle librerie e dagli scaffali. Il libro e la sua storia furono messi a tacere - quasi.

Una delle tre copie superstiti arrivò in Inghilterra, fu tradotta in inglese e depositata al British Museum. Questa copia e la traduzione sono state successivamente ritirate dalla circolazione e sono attualmente "non disponibili" per la ricerca. La seconda copia in lingua olandese fu acquistata dal cancelliere austriaco Schussnigg. Non si sa dove si trovi attualmente. La terza copia olandese sopravvissuta arrivò in Svizzera e nel 1947 fu tradotta in tedesco. Questa traduzione tedesca è stata a sua volta trovata alcuni anni fa da questo editore nello Schweizerischen Sozialarchiv di Zurigo, insieme a una dichiarazione giurata dei tre traduttori dall'olandese al tedesco e a una critica del libro. Questo editore ha fatto delle copie del testo tedesco e ha commissionato una traduzione in inglese. È questa traduzione che leggerete qui. Anche tenendo conto della doppia traduzione dall'olandese al tedesco e dal tedesco all'inglese, lo stile vivace originale è stato sostanzialmente mantenuto. Il libro non è affatto una lettura noiosa.

Il libro originale *FINANCIAL ORIGINS OF NATIONAL SOCIALISM* è stato bollato come falso. Tuttavia, dal 1933 sono diventati di dominio pubblico numerosi documenti del governo tedesco dell'anteguerra, tra cui quelli del Ministero degli Esteri tedesco catturati e i documenti del processo di Norimberga. Questi confermano la storia in alcuni punti chiave.

Ad esempio, nel libro Sidney Warburg afferma di aver incontrato un oscuro banchiere von Heydt nel 1933. Oggi, nel 1982, sappiamo dai documenti tedeschi che nel 1933 la Bank voor Handel en Scheepvaart N.V. olandese era un canale di finanziamento per i nazisti. Il nome precedente di questa banca era von Heydt Bank. Coincidenza? Come faceva Sidney Warburg a saperlo nel 1933?

Ci sono altri collegamenti. Ora sappiamo che la combinazione tedesca della I.G. Farben era un finanziatore di Hitler e che Paul Warburg era un direttore della I.G. Farben americana. Inoltre, Max Warburg era un direttore della I.G. Farben tedesca. Max Warburg firmò anche il documento che nominava Hjalmar Schaht alla Reichsbank - e la firma di Hitler appare accanto a quella di Max Warburg.

Tuttavia, la famiglia Warburg negò qualsiasi legame con Hitler. I Warburg hanno bollato il libro come falso e hanno minacciato l'editore di non ritirarlo dalle librerie. In ogni caso, i Warburg non sono accusati direttamente. "Sidney Warburg" era solo il corriere. In realtà, tutti i banchieri citati sono gentili, non ebrei.

Nel 1949 James P. Warburg rilasciò una dichiarazione giurata che aggrava il mistero. Warburg negò di aver visto il libro "Sidney Warburg", ma lo bollò come un completo falso! Inoltre, un'attenta lettura della dichiarazione giurata di James Warburg mostra che la sua smentita si riferisce a un altro libro pubblicato da uno dei traduttori, Rene Sonderegger, e non al libro "Sidney Warburg". E per infittire il mistero, questa dichiarazione giurata di Warburg è pubblicata nei MEMOIRS di Fritz von Papen, la stessa fonte che raccomandava Sidney Warburg come fonte di informazioni accurate sul finanziamento di Hitler (e Papen era, ovviamente, un importante nazista).

Ancora oggi il documento è avvolto da un alone di mistero. La spiegazione originaria della sua pubblicazione, ovvero che un singolo membro della famiglia Warburg volesse mettere in guardia dall'imminente guerra europea, ha un sapore di autenticità.

Chi è nel libro

- "Rockefeller" John D. Rockefeller II.

- "Carter" John Ridgley Carter, sposato con Alice Morgan, legata agli interessi di Morgan a Parigi.

- "Deterding" Henri Deterding, capo della Royal Dutch Shell e forte sostenitore di Hitler.

DOCUMENTAZIONE

Sul finanziamento degli eventi politici

Per l'archivio della Schweizerischen Lanclesbibliothek

11 febbraio 1947

SPIEGAZIONE

I sottoscritti tre testimoni attestano che il documento allegato non è altro che una traduzione fedele e letterale dall'olandese al tedesco del libro di Sidney Warburg, una copia del quale è stata costantemente a loro disposizione durante l'intero processo di traduzione. Essi testimoniano di aver tenuto in mano l'originale e di averlo letto, al meglio delle loro possibilità, frase per frase, traducendolo in tedesco, confrontando poi coscienziosamente il contenuto della traduzione allegata con l'originale fino al raggiungimento di un accordo completo. Il libro originale si intitola: De Geldbronnen van het Nationaal-Socialisme, Drie Gesprekken met Hitler, Door Sidney Warburg, vertaald door I. G. Shoup (sic), reca il marchio della casa editrice "Vol Hardt En Waeckt" ed è apparso nel 1933 ad Amsterdam come opuscolo composto da novantanove pagine di testo, pubblicato dalla Van Holkema & Warendorf's Uitg.-Mij. N.V.

Zurigo, Svizzera, 11 febbraio 1947.

Dr. Walter Nelz
nato il 4 marzo 1909, cittadino di Zurigo

Wilhelm Peter
nato il 28 luglio 1906, cittadino di Gottingen

Rene Sonderegger
nato il 16 gennaio 1899, cittadino di Heiden

Rilasciato in tre copie per il sottoscritto, con altre due copie, una delle quali messa a disposizione dello Schweizerischen Sozialarchiv di Zurigo e della Schweizerischen Landesbibliothek di Berna.

Sidney Warburg:
Le fonti finanziarie del nazionalsocialismo.
Tre conversazioni con Hitler Tradotto da J. G. Schoup van Holkema & Warendorf, Publishers, Amsterdam, 1933, 99 p.

COME È SUCCESSO...

Sidney Warburg parlò molto poco, finché gli ospiti erano presenti. Ora era solo con me e cominciò a parlare dello scandalo Sinclair.

"Ci sono momenti in cui vorrei scappare da un mondo di tali intrighi, inganni, truffe e manomissioni della borsa. Ogni tanto ne parlo con mio padre e con altri banchieri e broker. Sapete cosa non riesco mai a capire? Come sia possibile che persone di buona e onesta reputazione - di cui ho ampie prove - partecipino a truffe e frodi, ben sapendo che ne subiranno le conseguenze a migliaia.

I poteri di Sinclair Trust hanno portato milioni di dollari a Wall Street, ma hanno rovinato migliaia di risparmiatori. Quando ci si interroga sulle ragioni delle pratiche disoneste e moralmente indifendibili dei leader finanziari non si ottiene mai una risposta. Sebbene la loro vita privata sia ordinata e buona, non può essere che essi si disfino del loro vero carattere non appena entrano nel mondo della finanza, dimenticando ogni concetto di onestà e moralità a favore del denaro, a volte di milioni di dollari".

La lotta di coscienza visibile in queste parole di Sidney Warburg, figlio di uno dei maggiori banchieri degli Stati Uniti, membro della società bancaria Kuhn, Loeb & Co. di New York, è la tragedia della sua vita. Non riuscì mai a liberarsi dai suoi legami con quell'ambiente, di cui non riuscì mai a cogliere completamente le motivazioni più profonde.

Queste parole, pronunciate nel 1928, spiegano forse ciò che mi chiesi nel 1933, ovvero perché egli decise finalmente di dire al mondo come veniva finanziato il nazionalsocialismo. Nel farlo non mise doverosamente in secondo piano il proprio ruolo, ma confessò onestamente la propria partecipazione personale.

Quando ho ricevuto da lui il manoscritto, insieme alla richiesta di tradurlo, ho sentito che la tragedia nella vita dell'autore era giunta a un punto finale, costringendolo a fare l'onesta confessione contenuta nelle pagine seguenti. Questo è il mio primo passo verso la libertà interiore che gli auguro di cuore, perché ha il coraggio di dire davanti al mondo intero: "Loro lo hanno reso possibile, ma io sono stato il loro vile galoppino!".

Se il "povero mondo" e la "povera umanità" - parole con cui l'autore termina la sua opera - non comprendono il suo grido, allora la sua ammissione è stata un atto di coraggio, necessario per compierla. Avere questo coraggio significa rompere con i vecchi circoli ed esporre al mondo i vecchi amici come uomini senza coscienza, soprattutto rivelando la propria piena e non celata partecipazione al processo.

Ottobre 1933
Il traduttore

1929

Il denaro è potere. Il banchiere sa come concentrarlo e gestirlo. Il banchiere internazionale fa politica internazionale. È obbligato a farlo dal governo centrale del Paese in cui si è stabilito, perché il governo influenza la banca di emissione. In altri Paesi questa si chiama banca nazionale. Chiunque capisca cosa si nascondeva dietro la parola "nazionale" negli ultimi anni e cosa vi si nasconde ancora, sa anche perché il banchiere internazionale non può tenersi fuori dalla politica internazionale.

Il mondo bancario americano si stava sviluppando da mesi a ritmo sostenuto. Stavamo vivendo un boom, e lo sapevamo. I pessimisti prevedevano un crollo improvviso, ma ogni giorno scrivevamo ordini più consistenti e Wall Street stessa si prendeva gioco dei pessimisti. Wall Street dava soldi a tutto il mondo: persino la lontana penisola balcanica, di cui avevamo sentito nominare gli Stati a scuola e che avevamo dimenticato da tempo, riceveva credito, le sue obbligazioni venivano vendute, gli speculatori si avventavano su di esse e il tasso di cambio saliva. Gli economisti politici non sono ancora d'accordo oggi, 1933, sul perché i pessimisti avessero ragione proprio nel 1929 e non un anno prima o dopo. Il 1929 è stato l'inizio di un'epoca miserabile per Wall Street, che non si è ancora conclusa.

Il tasso di cambio non crollò, termine usuale per indicare un calo, ma semplicemente precipitò, e in poche settimane la credit-mania a New York era completamente finita. Gli agenti degli Stati europei in cerca di credito dovettero tornare a casa a mani vuote. L'America sembrava non avere più soldi. In tempi difficili è consuetudine che gli uomini di potere non tacciano le loro opinioni. I principali giornali pubblicarono interviste a Hoover, McCormick, McKenna, Dawes, Young e molti altri, ma questo non aiutò noi di Wall Street. Stavamo vivendo un inferno.

Ogni volta che si veniva chiamati a rispondere al telefono, al ritorno i prezzi dell'acciaio, di Anaconda, di Bethlehem e delle principali compagnie petrolifere erano scesi di dieci o venti punti. Il calo dei prezzi delle azioni attirava tutti, volenti o nolenti, e conosco molti banchieri seri e rispettabili, di ottima reputazione, che consideravano criminale la speculazione sui tassi di cambio, ma poi andavano avanti e partecipavano in prima persona. Lo faceva apertamente, senza chiedere al suo broker di camuffare i suoi ordini o di tenerli segreti al mercato.

Ho già detto che vivevamo in un inferno. Ora, nel 1933, ci si ricorda di quei giorni, ma nessuno può immaginare la situazione reale senza averla vissuta. Non possiamo dimenticare che tutto il mondo guardava a Wall Street e che Londra, Parigi, Amsterdam, Berlino erano coinvolte nella tensione in cui viveva New York. Per questo motivo il crollo di Wall Street ebbe un significato internazionale.

Lascio ad altri il compito di scoprire le cause dell'improvviso crollo. Mi limito a descrivere brevemente lo stato della finanza americana nel 1929. Senza uno sguardo ad essa, quanto segue sarebbe in gran parte incomprensibile per i miei lettori.

Le banche della Federal Reserve disponevano di ingenti somme in Germania. I crediti in Germania erano stati congelati dopo lo scioglimento della Darmstadter e della National Bank, il crollo di Nordwolle, la riorganizzazione delle banche D (Darmstadter, Deutsche, Dresda e Dusseldorf), l'emissione delle Young-Obligations e la fondazione della banca per i pagamenti internazionali. Lo stesso accadde in Austria dopo la crisi della Kreditanstalt. I debiti di guerra francesi, belgi, rumeni e italiani erano ancora in fase di liquidazione, ma i vari Stati debitori cominciarono a chiedere modifiche alle rendite e ai tassi di interesse ad ogni occasione. Anni prima il debito di guerra francese era stato regolato con clausole molto convenienti che si erano rivelate fin troppo favorevoli per la Francia. In breve, nel 1929 gli Stati Uniti vantavano crediti nei confronti di governi stranieri e di privati all'estero per un ammontare di

85 miliardi di[1] dollari. Questo accadeva in aprile. Il mondo bancario americano non era mai stato entusiasta di Wilson. Banchieri e finanzieri consideravano il suo idealismo abbastanza buono per lo studio, ma inadatto al mondo pratico e internazionale degli affari. Per questo motivo Wall Street non era mai stata molto contenta del Trattato di Versailles, che era stato costruito secondo le linee guida di Wilson. Questo trattato era stato formalmente rifiutato perché la Francia vi era favorita senza motivo. Questo era il sentimento nel 1920, nel 1929 si era trasformato in aperta ostilità. Anche se nel frattempo gli accordi originari erano stati modificati in numerosi modi (Dawes - Young, ecc.) restava il fatto che la Francia, secondo il mondo bancario americano, possedeva la chiave per la ripresa economica della Germania, grazie alla sua posizione favorevole nei confronti delle riparazioni e alla sua pretesa di riceverle in oro anziché in merci. Non appena ci si rende conto che da questa ripresa economica dipende il benessere dell'America, della Gran Bretagna e del mondo intero, si capisce perché gli americani abbiano cercato di promuovere la costruzione economica della Germania e dell'Europa centrale attraverso il credito. Ma la Francia ha messo i bastoni tra le ruote ai loro piani, perché tutto ciò che l'America ha anticipato alla Germania, direttamente o attraverso Londra, o ciò che Londra stessa ha dato direttamente, prima o poi

---

[1] Un biliardo = mille miliardi 2 Un miliardo = mille milioni

è arrivato in Francia sotto forma di maggiori riparazioni. La Germania non poteva esportare abbastanza per ottenere un surplus commerciale tale da coprire le riparazioni alla Francia. Doveva quindi pagare i suoi debiti con il suo capitale, ma questo capitale era stato anticipato sotto forma di grandi crediti dall'America e dall'Inghilterra. La situazione divenne intollerabile. La Germania non poteva continuare ad accettare valuta estera senza limiti e l'America e l'Inghilterra non potevano concedere prestiti illimitati.

I crediti esteri dell'America erano stati, per la maggior parte, congelati in Germania, Austria e Medio Europa a causa delle difficoltà precedentemente descritte. 85 miliardi2 (sic) di dollari non sono una bazzecola nemmeno per un Paese come l'America. Di questi, 50-55 miliardi di dollari erano, secondo stime certe, congelati e il resto non era in alcun modo sicuro, perché si aveva motivo di dubitare della buona volontà degli ex alleati - con l'eccezione dell'Inghilterra - riguardo al rimborso dei debiti verso l'America.

A questo punto dobbiamo tornare indietro nella storia del dopoguerra. Fin dai primi giorni dopo la firma del Trattato di Versailles, la Francia ha considerato le sue clausole come permanenti e sacre, non per considerazioni sentimentali ma per un comprensibile interesse personale. Per quanto sia stato difficile negli anni passati convincere i governi e gli esperti finanziari francesi, a parole e per iscritto, che alla Germania si chiedeva più di quanto potesse dare secondo le clausole del trattato, questo punto di vista non ha mai fatto breccia nei circoli dirigenti di Parigi. Finché i francesi non saranno convinti di questa verità, la cooperazione internazionale non sarà possibile. Quest'anno si terrà a Londra una conferenza economica mondiale. Non scommetterei un solo nichelino sul suo successo, se il governo francese non cambierà sostanzialmente la sua posizione. In tutti i negoziati che si sono svolti dal 1920 per modificare il Trattato di Versailles, la Francia si è costantemente opposta a una riduzione delle riparazioni che le spettavano. Nonostante ciò, sono state effettuate diverse riduzioni, ma la Francia non ha mai chiesto più di quanto non potesse ricevere, e anzi ha saputo trarre vantaggi dalle riduzioni. La Francia, poi, ricevette, anche grazie all'accettazione del piano Young, la maggior parte delle rendite senza alcuna condizione, e riuscì a mantenere la sua conseguente superiorità sulla Germania. Non giudico il comportamento della Francia. I politici e i finanzieri francesi erano convinti che si dovesse tenere aperta la possibilità di una ripetizione del 1914 e che si dovesse cercare di anticipare il pericolo; per loro una Germania prospera aumentava la possibilità di tale ripetizione. (I tedeschi sono sempre stati i baroni ladri d'Europa e lo saranno sempre, proprio come nel Medioevo). La Germania, secondo le convinzioni francesi, deve rimanere economicamente debole. Ma il mondo ha bisogno di una Germania prospera e dell'America più di chiunque altro. Perché? Cercate la spiegazione nelle opere di economia politica, negli esempi di economia pratica e internazionale, nei grassi libri sull'argomento che contengono molte idiozie, che tradiscono una totale mancanza di comprensione della realtà. Gli economisti politici sono, prima di tutto, degli accademici. Conoscono banche, fabbriche, uffici commerciali, mercati azionari, ma solo dall'esterno. Non dimenticate che quando Wilson era ancora professore a Princeton, era conosciuto in America come il miglior economista politico. Ma mi sono allontanato dal tema. Dobbiamo ricordare: La Francia non vuole una Germania prospera per la sua sicurezza; l'America e l'Inghilterra, invece, hanno bisogno di una Germania sana, altrimenti entrambe non possono essere prospere. Per tenere a freno la Germania dal punto di vista economico, la Francia si avvale della sua richiesta di riparazioni, che tutti fissarono a un prezzo troppo alto, a causa della mancanza di buon senso di Wilson e dell'eccitazione per la vittoria del 1918-20, e che divennero un peso incredibile per la Germania. Tutti i governi tedeschi si trovarono tra la padella e la brace: da una parte le richieste dei Paesi stranieri (soprattutto della Francia), dall'altra la rabbia interna. Se soddisfacevano le richieste straniere, il popolo tedesco gridava al tradimento e le accuse del popolo potevano risuonare molto forti - se resistevano, minacciavano un'occupazione militare francese. L'avventura nella Ruhr si svolse in questo modo. Si rivelò un fallimento per la Francia, che rinunciò a ulteriori tentativi, ma trovò altri modi per sfruttare vantaggiosamente la sua richiesta di risarcimento. Non posso spiegare tutta la strategia politica francese in questa breve presentazione.

Vorrei solo aggiungere che la Francia sapeva come combattere ostinatamente contro ogni riduzione delle riparazioni, o come accettare le riduzioni se potevano essere sostituite da altri vantaggi. Finché la Francia poteva portare avanti le sue richieste di riparazioni, finché i prestiti americani e inglesi alla Germania non bastavano a garantire la sua ricostruzione economica, allora questa ricostruzione doveva cadere a pezzi in base ai requisiti del Trattato di Versailles.

Nessuno si sorprenderà se il mondo finanziario americano ha cercato altri mezzi per mettere in scacco la Francia su questo tema. Se l'arma delle riparazioni poteva essere tolta dalle mani della Francia, allora la Germania avrebbe potuto rimettere la sua economia su una solida base finanziaria con l'aiuto dell'America e dell'Inghilterra, aprendo la porta della prosperità ai due più grandi Paesi del mondo. Nel giugno del 1929 si tenne un incontro tra la Federal Reserve Banks e i principali banchieri indipendenti degli Stati Uniti. Solo più tardi scoprii quale direzione prese questo scambio di idee. Ma prima mi addentrerò nel mondo internazionale del petrolio. Esiste, infatti, un mondo petrolifero internazionale così come esiste un mondo bancario internazionale; questo vi sarà certamente noto. I re del petrolio sono uomini voraci. La Standard Oil e la Royal Dutch sono buone amiche. Entrambe le imprese hanno diviso il mondo in distretti, e ciascuno di essi ha un certo numero di posti riservati a se stesso. Ciascuna impresa è completamente padrona del territorio che le è stato assegnato. In questo modo hanno accumulato grandi profitti nel corso degli anni. Ma la Russia sovietica ha poi rovinato tutto introducendo una forte concorrenza contro Standard Oil e Royal Dutch. Da allora le compagnie ottengono solo il 6-7% di profitto dal loro capitale, ma questo non è sufficiente a soddisfare l'avidità dei dirigenti. La concorrenza russa ebbe particolare successo in Germania, perché diversi governi tedeschi fecero delle avances ai nuovi leader russi, cercando, attraverso crediti, ecc. di consentire al petrolio e al gas russo un accesso più facile al mercato tedesco rispetto a qualsiasi altro Paese. Abbiate pazienza per qualche altra riga e capirete perché i rappresentanti della Standard Oil e della Royal Dutch erano presenti alle conferenze tenute dalla Federal Reserve Banks nel 1929 con i banchieri americani. Non mi dilungherò oltre sugli affari finanziari internazionali, ma mi limiterò a raccontare il ruolo che ho svolto alla suddetta conferenza del 1929, l'incarico che ne è derivato e il modo in cui l'ho portato a termine. Questa confessione è arida e noiosa per gli amanti dei racconti fantastici, che la butteranno via. La mia narrazione è ancora meno adatta a coloro che sanno che la vita reale scrive storie più emozionanti e ricche di suspense della più audace fantasia che uno scrittore di narrativa possa inventare, perché per loro solo l'omicidio, l'omicidio colposo, il furto, il ricatto, le minacce, il divorzio e il sex-appeal sono ricchi di suspense. Il mio racconto è la descrizione fedele di quattro conversazioni che ho avuto con l'"uomo in ascesa" in Europa, Adolf Hitler. Non intendo scrivere un'opera letteraria perché mi limito a raccontare le mie esperienze, tutto ciò che ho sentito e imparato, e inserirò qua e là le mie opinioni perché i miei lettori possano orientarsi meglio. Pubblicando le mie esperienze non intendo risvegliare l'odio contro le persone, ma denunciare le malefatte di un sistema che controlla il mondo e che può permettere che accada ciò a cui io stesso ho partecipato. "Può permettere che accada" non è l'espressione giusta. Intendo dire ciò che è realmente accaduto.

Nel luglio del 1929 fui invitato a recarmi il giorno successivo negli uffici della Guaranty Trust di New York per avere un colloquio con Carter, il presidente-commissario della banca. Carter era solo e iniziò senza formalità. L'indomani si sarebbe svolta una riunione tra i direttori della Guaranty Trust, alla quale sarebbero stati presenti i presidenti-commissari delle altre Federal Reserve Bank, nonché cinque banchieri indipendenti, il giovane Rockefeller e Glean della Royal Dutch. Carter aveva parlato di me agli uomini durante la riunione precedente, quella che sapevo essere avvenuta a giugno, e tutti erano d'accordo che ero l'uomo di cui avevano bisogno. Parlo perfettamente il tedesco e ho lavorato per quattro anni ad Amburgo presso una società bancaria di cui eravamo amici. Carter mi disse qual era la situazione. Sapevo tutto dei problemi finanziari internazionali, non c'era bisogno di dire nulla al riguardo. Sapevo anche che il mondo bancario di New York si stava guardando intorno per trovare i mezzi per porre fine all'abuso delle richieste di risarcimento da parte della Francia.

Ricevetti un breve curriculum di ciò che la Francia aveva fatto nel campo della politica finanziaria internazionale. Carter sapeva anche che Londra la pensava come New York. Sarei stato informato su ciò che sarebbe stato discusso il giorno seguente, ma in ogni caso poteva contare sulla mia presenza all'incontro.

Naturalmente sono venuto il giorno dopo. Carter e Rockefeller dominarono i lavori. Gli altri ascoltavano e annuivano. La questione che ci interessava era - usando le parole di Carter - molto semplice. Era chiaro a tutti noi che c'era un solo modo per liberare la Germania dalle grinfie finanziarie della Francia: la rivoluzione. La rivoluzione poteva essere portata avanti da due diversi gruppi politici. I comunisti tedeschi furono i primi a essere chiamati in causa, ma se una rivoluzione comunista fosse riuscita in Germania, il potere della Russia sovietica si sarebbe rafforzato e il pericolo bolscevico per il resto del mondo sarebbe aumentato. Rimaneva una rivoluzione attivata dai gruppi nazionalisti tedeschi. In realtà c'erano diversi gruppi di questo tipo, ma nessun movimento politico era abbastanza radicale da portare a un vero e proprio rovesciamento dello Stato in Germania, se necessario con la forza. Carter aveva sentito un direttore di banca a Berlino parlare di un certo Hitler. Lo stesso Rockefeller aveva letto un breve saggio in un opuscolo tedesco-americano sul movimento nazionalista guidato da questo Hitler (disse "Heitler"). Nella riunione precedente era stato deciso di prendere contatto con "quest'uomo Hitler" e di cercare di scoprire se fosse disposto a ricevere il sostegno finanziario americano. Ora la domanda era chiaramente rivolta a me: sarei stato disposto a recarmi in Germania, a mettermi in contatto con lui e a compiere i passi necessari per organizzare questo aiuto finanziario? Bisognava fare in fretta, perché prima si costruiva il gruppo nazionalista in Germania e meglio era. Nelle mie trattative con Hitler si deve sottolineare che ci si aspetta da lui una politica estera aggressiva, che fomenti la Revanche-Idee contro la Francia. Il risultato sarebbe la paura da parte francese e, di conseguenza, una maggiore disponibilità a chiedere l'aiuto americano e inglese nelle questioni internazionali che comportano un'eventuale aggressione tedesca. Hitler non dovrebbe naturalmente conoscere lo scopo dell'assistenza. Si doveva lasciare alla sua ragione e alla sua intraprendenza il compito di scoprire i motivi della proposta. L'argomento successivo della conversazione fu che avrei dovuto scoprire da Hitler di quanto denaro avesse bisogno per realizzare una rivoluzione completa dello Stato tedesco. Non appena l'avessi saputo, avrei dovuto riferire a Carter, nel codice segreto del Guaranty Trust, a quale banca europea avrebbe dovuto essere inviata la somma, a mio nome, in modo da poterla poi consegnare a Hitler. Accettai l'incarico. Perché? Quando mi viene posta questa domanda non so cosa rispondere. Nel 1929 forse avrei detto: perché la penso come Carter. Ma quando mai un uomo sa se agisce per il bene o per il male? In realtà questo è irrilevante. Sto raccontando ciò che è accaduto attraverso la mia partecipazione.

Tre giorni dopo mi trovai a bordo dell'Isle de France con destinazione Cherbourg; dodici giorni dopo ero a Monaco. Viaggiavo con un lasciapassare diplomatico, con lettere di raccomandazione di Carter, Tommy Walker (all'epoca non ancora compromesso), Rockefeller, Glean e Hoover. Il mondo diplomatico era per me aperto come la società, il mondo bancario e, non da ultimo, gli ambienti governativi.

Hitler non era facile da raggiungere. L'uomo era vigliacco o temeva di rendersi ridicolo. Il console americano a Monaco non riuscì a mettermi in contatto con il gruppo nazionalista di Hitler. In questo modo persi otto giorni di tempo. Decisi di prendere in mano la situazione e mi recai dal sindaco di Monaco, Deutzberg, con una raccomandazione del console americano. Il sindaco ci promise che il giorno dopo avrei avuto un rapporto su quando Hitler mi avrebbe ricevuto, ma dubitai della sua parola. Ma non aveva promesso troppo, perché l'indomani una lettera amichevole di Deutzberg arrivò al portiere del mio albergo nel corso della mattinata, indicando il giorno e l'ora in cui Hitler mi avrebbe ricevuto nella cantina della birra. Dovevo solo dire il mio nome al cameriere del bar e sarei stato portato da Hitler. Tutto questo mi dava l'impressione di metodi segreti della mafia. Ci andai e tutto si svolse come previsto. Dietro l'enorme sala della birreria c'è una stanza rossa e antiquata in cui Hitler sedeva tra due uomini a un lungo tavolo. Ho visto spesso quest'uomo in fotografia, ma anche senza averlo visto nelle riviste avrei saputo che Hitler era quello di mezzo. I tre uomini si alzarono, ognuno si presentò, il cameriere mi portò un enorme boccale di birra e potei iniziare. Naturalmente non volevo parlare del mio incarico in presenza dei due compagni. Volevo una discussione riservata tra noi due. Hitler bisbigliò con i due uomini e mi disse con un tono di voce tagliente: "Non è mia abitudine, ma se dimostri di avere delle referenze, lo prenderò in considerazione". Gli diedi alcune lettere introduttive. Non indugiò oltre. Bastò uno sguardo ai due uomini per farli sparire.

Posi quindi sul tavolo tutte le mie lettere di referenze e chiesi a Hitler di prenderne nota. Dopo aver letto le lettere, mi chiese se avevo intenzione di riportare la mia conversazione con lui su un giornale americano. Risposi negativamente. La cosa lo impressionò molto. "Non ho una grande opinione dei giornalisti", disse subito Hitler. "Soprattutto dei giornalisti americani". Non chiesi il perché. Non mi interessava. Con cautela gli rivolsi diverse domande. A ognuna di esse ottenni una risposta evasiva, invece di un chiaro sì o no. Nel frattempo Hitler finì il suo enorme boccale di birra e suonò. Immediatamente arrivò il cameriere che mi aveva accompagnato e prese l'ordinazione. Il nuovo boccale deve avergli fatto sciogliere la lingua, perché poi se ne andò.

"Trovo che gli americani siano i più simpatici di tutti gli stranieri. Sono stati i primi ad aiutarci dopo la guerra. La Germania non lo dimenticherà. Sto parlando di una nuova Germania. Cosa pensa del nostro movimento nel suo Paese? Il nostro programma di partito è stato tradotto in inglese. Presto il tempo dirà loro cosa vogliamo. Il popolo tedesco sta soffrendo in schiavitù a causa delle riparazioni richieste dal Trattato di Versailles. La libertà non esiste più per i tedeschi, né in patria né all'estero. Dal 1918 i nostri governi sono composti da codardi e traditori, ognuno dei quali è corrotto. Il popolo ha creduto alla nuova leadership. Ebrei e marxisti sono i padroni qui. Tutto ruota intorno al denaro. La disciplina e l'ordine non esistono più. I funzionari tedeschi sono inaffidabili. Una tragedia per il Paese... nessuno prospera sotto questa marmaglia. Non ci si può aspettare nulla dal Reichstag e dal Landtag. Tutti i partiti politici conducono affari vergognosi e loschi. Il governo lascia che siano i Paesi stranieri a dettare le sue leggi, invece di mostrare i denti e rendersi conto che il popolo tedesco è ancora capace di resistere. Il popolo è molto meglio dei governi... Come si può cambiare questa situazione? Stiamo portando avanti un'intensa campagna di propaganda contro il tradimento e il ricatto. Non abbiamo più di due quotidiani e le nostre organizzazioni locali sono in continua crescita. Pensano di ostacolare il nostro movimento vietando le uniformi. È un'assurdità. L'uniforme non è nulla senza lo spirito. Continueremo a lavorare sullo spirito del popolo, il malcontento deve diffondersi, la disoccupazione deve aumentare, solo così potremo fare progressi. Il governo ha paura, perché abbiamo dimostrato di conoscere la strada giusta per arrivare al cuore della gente. Offriamo lavoro e pane. Possiamo anche darlo, non appena un popolo illuminato si renderà conto di avere il diritto di vivere e di prendere il suo posto tra le nazioni. La Reichswehr[2] si è sviluppata ovunque grazie ai nostri sforzi e alle nostre divisioni, attraverso una rigida disciplina. Non siamo seduti su un'utopia di bastardi ebrei e marxisti. La nostra piattaforma è tedesca e non cederemo di un millimetro".

Hitler mi fece una singolare impressione. Le sue linee di pensiero brevi e spezzettate, le sue chiacchiere, i suoi sproloqui confusi e privi di prove serie mi fecero pensare che quell'uomo fosse vuoto dentro, e che con i suoi discorsi gonfiati potesse dar vita a una demagogia selvaggia. Ho parlato dell'organizzazione del suo movimento.

"Un forte spirito di solidarietà controlla il nostro movimento. Si sono uniti molti disoccupati delle grandi città, molti borghesi delle aree più piccole e molti contadini del Platten Lande. La nostra gente dà quel poco che ha per tenere in piedi il nostro movimento. La disonestà e il tradimento non possono verificarsi perché ho tutto nelle mie mani. La formazione esemplare del nostro popolo attira automaticamente tutte le finanze verso il punto centrale qui a Monaco, e io sono quel punto centrale...".

---

[2] Esercito nazionale tedesco.

"La forza? Ma questo è scontato. Un grande movimento non può praticamente svilupparsi senza la forza. Le stupide chiacchiere dei pacifisti fanno solo ridere. Quelle persone non vivono. La vita è forza. La vita è forza. Guardate la natura, guardate il mondo animale, lì l'unica legge è quella del più forte... verso l'estero? Non può funzionare diversamente. Voglio escludere l'America, ma non gli altri Paesi. Pensate che la Germania riavrà le sue colonie senza la forza, o l'Alsazia-Lorena, o gli enormi territori polacchi, o Danzica?... Il denaro? Questa è la questione cruciale; il denaro può essere guadagnato solo quando il popolo tedesco è libero di stabilire la propria stabilità economica, allora possiamo cogliere l'opportunità più favorevole per combattere per i nostri diritti con la forza delle nostre armi... La Francia è il nostro nemico, gli altri precedenti alleati sono i nostri concorrenti, questa è una distinzione importante... Le truffe delle banche ebraiche devono finire. Gli speculatori della Galizia stanno togliendo il reddito alla classe media. I grandi magazzini spremono i piccoli commercianti... Le tasse e gli affitti devono essere regolamentati e aboliti..." Hitler infilò la mano nell'apertura della camicia marrone. "Ecco la nostra piattaforma. Qui c'è tutto quello che abbiamo stabilito".

Era arrivato il momento di parlare dello scopo della mia visita. Non mi lasciò parlare. "Difficoltà? Certo che ci sono difficoltà, ma non mi ostacolano. Ho fatto della liberazione del popolo tedesco l'obiettivo della mia vita, e o vincerò o sarò rovinato. La nostra difficoltà maggiore è che il popolo è diventato apatico dopo anni di abbandono. Per questo abbiamo bisogno di una propaganda forte e persuasiva, che smuova le loro menti. Una propaganda del genere costa... No, non possiamo pretendere grandi quote dai nostri membri, ho già dovuto abbassarle perché molti non potevano permettersele... C'è simpatia per il nostro movimento in alcuni ambienti, soprattutto tra i nobili. Queste simpatie, però, non sono pure e non ne siamo sicuri. Non voglio essere il servo del movimento monarchico in Germania. Tutti gli aristocratici qui sono infettati da sentimenti monarchici, e per questo motivo non li farò entrare nel movimento, senza essere certo della loro convinzione. Anche in questo caso sono sotto stretto controllo da parte dei nostri leader... Non possiamo ancora contare sulla simpatia dei grandi capitalisti, ma dovranno sostenerci quando il movimento sarà diventato potente. Cosa pensa la gente in America del nostro movimento?".

L'interpretazione americana del suo partito sembrava interessare particolarmente Hitler. Gli diedi la stessa risposta di prima, cioè che noi in America sapevamo troppo poco dei suoi sforzi per poterci fare un'opinione. Ancora una volta menzionò le difficoltà. "Ci sono molti lavoratori che sono sensibili alla nostra propaganda, ma i loro interessi li trattengono dall'aderire al movimento. I sindacati socialdemocratici hanno a disposizione fondi enormi. In questi tempi è naturalmente quasi impossibile per molti non pagare le quote ai sindacati. Stiamo cercando i mezzi per attirare nel nostro movimento gli elementi simpatici dei sindacati. Essi possono svolgere un utile servizio per noi influenzando le menti dei loro colleghi. Al momento sto lavorando a un grande progetto per un nostro ufficio stampa qui a Monaco e per un ufficio editoriale con filiali a Berlino, Amburgo e in una città sul Reno. Non abbiamo ancora lavorato sulla Germania settentrionale, mentre le province renane sono in arrivo. La Baviera è generalmente favorevole, così come la Sassonia".

Diventava sempre più difficile portare a termine il mio incarico. Sembrava che a Hitler piacesse sentir parlare se stesso, e quando cercavo di dire una piccola parola che potesse portare allo scopo della mia visita, cambiava argomento. Continuò...

"Il presidente Hindenburg non ha simpatia per il nostro movimento, ma di certo non si opporrà alla volontà del popolo quando sarà il momento. La cricca di aristocratici che lo circonda ha paura del crescente potere del popolo tedesco, perché possiamo chiedere che vengano chiamati a rispondere della loro posizione debole e vigliacca nei confronti dei Paesi stranieri e dei capitalisti ebrei", Improvvisamente tacque, mi osservò a lungo, poi disse acidamente: "Anche lei è un ebreo? No, per fortuna, certamente di origine tedesca. Sì, lo capisco dal suo nome". Ora avevo l'opportunità di fare riferimento alle difficoltà del movimento hitleriano, e me ne uscii direttamente con il piano di aiuto finanziario.

"Se questo fosse possibile, non ci sarebbe nulla che non potremmo ottenere. Il nostro movimento morirà senza armi. Possono toglierci le uniformi, ma i nostri principi si diffonderanno. Abbiamo bisogno di armi, però... Fare accordi non mi disturba, e con i soldi posso trovare armi ovunque. Abbiamo creato una scuola per l'addestramento alle armi qui a Monaco, ed è molto apprezzata dal movimento".

A questo punto ho tirato fuori la mia proposta, formulata con cura, e ho chiesto a Hitler una stima dell'importo. La cosa sembrò lasciarlo perplesso. Ha fatto uno squillo. Una conversazione sussurrata con il cameriere. Hitler giocherellava nervosamente con il suo taccuino, apparentemente immerso nei suoi pensieri. Entrò un uomo alto e magro di circa quarant'anni, dall'aspetto militaresco in uniforme marrone. Hitler gli offrì un posto accanto a sé. Non fui presentato. Senza alcuna premessa, Hitler gli chiese quanto fosse necessario per diffondere intensamente il movimento in tutta la Germania.

"Dobbiamo tenere conto del Nord e delle zone del Reno. Dobbiamo ricordare che possiamo ottenere molto aiutando i disoccupati che sono ancora iscritti ai sindacati, e non possiamo dimenticare quanto abbiamo bisogno di realizzare completamente i nostri piani per i Distaccamenti Temporali. Gli armamenti costano molto e i contrabbandieri chiedono prezzi elevati". Von Heydt prese una lunga matita dal tavolo e cominciò a fare delle cifre sul retro di un piatto di birra. Hitler appoggiò un braccio sulla sedia e seguì i suoi calcoli. Poi prese il piatto da von Heydt e lo ringraziò con un tono di voce che indicava chiaramente che doveva lasciarci soli. "Vi prego di ricordare che per noi fare un calcolo nelle nostre circostanze non è facile. Prima di tutto, vorrei sapere fino a che punto i vostri finanziatori sono disposti a spingersi e, in secondo luogo, se continueranno a sostenerci una volta speso l'importo iniziale. Von Heydt ha fatto un calcolo che mi trova fondamentalmente d'accordo, ma vorrei prima sapere cosa ne pensate di questi due punti; poi un altro problema è che abbiamo basato la nostra stima su piani già esistenti quando ce ne sono ancora molti altri in fase di studio che verranno messi in atto una volta completati i primi. Penso, in particolare, all'addestramento e alla formazione dei nostri distaccamenti nell'uso degli alianti, così come alle uniformi per i disoccupati - il divieto delle uniformi è innocuo - e ad altri piani ancora".

Naturalmente non potevo rispondergli e ho chiarito ancora una volta che questo primo incontro aveva lo scopo principale di stabilire un contatto. Le sue domande sull'ammontare dell'aiuto finanziario sarebbero dipese dal fatto che i miei finanziatori avrebbero effettivamente fornito l'aiuto finanziario, e solo allora si sarebbe potuto determinare un limite massimo. Questo non sembrò piacere a Hitler, oppure lo trovò troppo complicato, perché mi chiese di nuovo con ansia se avessi un'idea personale dell'importo da dargli. Anche a questo non seppi rispondere. Mi aspettavo che mi chiedesse perché gli americani gli avessero fatto questa offerta di sostegno finanziario, ma mi chiese tutt'altro. "Quando potrò ricevere il denaro?". Avevo una risposta a questa domanda: immaginavo che, non appena New York avesse ricevuto il mio rapporto telegrafico, si sarebbero subito attivati per inviare il denaro alla Germania, se avessero trovato un accordo sull'importo. Mi interruppe di nuovo. "No, non in Germania, è troppo pericoloso. Non mi fido di una sola banca tedesca. Il denaro deve essere depositato in una banca estera, dove potrò disporne". Guardò di nuovo le cifre sul piatto e disse imperiosamente, come se stesse impartendo un ordine preciso: "Cento milioni di marchi".

Non mostrai il mio stupore per la sua avidità, ma gli promisi di telegrafare a New York e di dargli la risposta dei miei finanziatori il prima possibile. Non volle sentire nulla di tutto ciò. "Non appena avrai il rapporto dall'America, scrivi a von Heydt, il suo indirizzo è Lutzow-Ufer 18, Berlino. Vi contatterà per darvi ulteriori istruzioni". Hitler si alzò in piedi e mi offrì la mano, come chiara indicazione di andarmene.

Tornando all'albergo, mi resi conto che cento milioni di marchi corrispondevano a circa ventiquattro milioni di dollari. Dubitavo che Carter & Co. sarebbero stati disposti a investire tanto denaro in un movimento politico europeo. Alla fine conclusi che la decisione spettava a loro a New York e inviai un breve riassunto in codice segreto della conversazione avuta con Hitler.

La sera seguente andai a una riunione del partito nazionalsocialista al Circus. La mattina stessa avevo ricevuto un invito a parteciparvi. Hitler avrebbe parlato di persona, seguito da un certo Falkenhayn. Notai di nuovo la vacuità dei suoi ragionamenti, come avevo fatto durante la nostra conversazione. Mai un segno di logica, frasi brevi e potenti, brusche e urlate, tattiche politiche di demagogia, insistente agitazione della plebaglia. Ho simpatizzato con i giornalisti che erano lì per scrivere reportage per i loro giornali. Mi sembrava che non si potesse fare un resoconto di un discorso del genere. Hitler non ha parlato del movimento, né della piattaforma, né delle riforme che lui e i suoi seguaci si aspettavano di realizzare. Ha attaccato tutti i governi dal 1918, le grandi banche, i comunisti, i socialdemocratici, gli ebrei e i grandi magazzini. Il suo discorso era pieno di parole come traditori, ladri, assassini, uomini senza scrupoli, repressori del popolo, coloro che infangano lo spirito tedesco, ecc. Non ha menzionato alcun fatto. Era sempre vago e generico, ma... funzionava. Più tardi seppi che dopo questa serata circa 130 persone erano diventate nazionalsocialiste. Ebbi l'impressione che il discorso di Falkenhayn servisse a calmare il pubblico dopo le parole incendiarie di Hitler. Secco e quasi incomprensibile, Falkenhayn voleva dimostrare che la Russia sovietica era un pericolo per il mondo, che non si poteva parlare di un'unione di tutti i socialisti e che il movimento hitleriano era il primo partito a realizzare il vero socialismo. Il suo successo fu moderato.

Non ho avuto notizie di Carter fino al terzo giorno. Una risposta breve, anch'essa in codice segreto. Erano stati messi a disposizione dieci milioni di dollari. Dovevo solo telegrafare a quale banca in Europa volevo che il denaro fosse inviato, a mio nome. Carter & Co. evidentemente la pensavano come me, che ventiquattro milioni di dollari erano troppi da buttare al vento. Scrissi immediatamente a von Heydt e il giorno dopo ricevetti una telefonata da lui a Berlino. Mi fissò un incontro nel mio albergo.

La sera stessa von Heydt arrivò a Monaco accompagnato da un uomo dall'aspetto indistinto, presentatomi con il nome di Frey. Ricevetti gli uomini nella mia stanza e li informai che New York era pronta a donare dieci milioni di dollari a una banca europea, a mio nome. Ne avrei poi disposto secondo i desideri di Hitler. Il pagamento e il trasferimento del denaro devono essere regolati con attenzione. Entrambi lo riconobbero senza mostrare alcun segno di sorpresa, e aggiunsero che non potevano accordarsi su nulla senza aver parlato con il "Fuhrer". Non capii subito a chi si riferissero, ma quando continuai a pronunciare il nome di Hitler un paio di volte il piccolo Frey mi corresse in modo piuttosto brusco, dicendo ogni volta: "Vuoi dire il 'Fuhrer'". In seguito notai molte volte che il nome di Hitler non veniva mai pronunciato nei circoli nazionalsocialisti; veniva sempre chiamato "Fuhrer". Per me non faceva differenza. Il "Fuhrer" allora, se era quello che volevano.

A Monaco aspettavo un rapporto da von Heydt e due giorni dopo arrivò una lettera che annunciava la sua visita. Lui e Frey si presentarono di nuovo al mio albergo. Mi furono poste le seguenti condizioni: Dovevo telegrafare a New York, chiedendo di mettermi a disposizione dieci milioni di dollari presso la banca Mendelsohn & Co. di Amsterdam. Io stesso mi sarei recato ad Amsterdam e avrei chiesto a questo banchiere di emettere dieci assegni da un milione ciascuno del valore equivalente in marchi a dieci città tedesche. Avrei poi girato gli assegni, firmandoli su dieci nomi diversi che von Heydt, che avrebbe viaggiato con me ad Amsterdam, mi avrebbe fornito lì. Dall'Olanda sarei poi potuto tornare in America. Avevo l'impressione che mi dettassero questo modo di procedere perché volevano che sparissi dalla Germania il più rapidamente possibile. Non sollevai alcuna obiezione a queste condizioni e tutto andò come von Heydt aveva stabilito.

Ad Amsterdam mi sono imbattuto in due eventi insoliti. Negli uffici della Mendelsohn & Co. sono stato accolto con insolita cortesia dopo aver chiesto un appuntamento con il direttore, e von Heydt, che mi stava accanto allo sportello, è stato trattato da funzionari inferiori e superiori come se fosse il miglior cliente della banca. Quando la transazione fu conclusa ed egli ebbe i dieci assegni nella sua valigetta, mi chiese di accompagnarlo al consolato tedesco. Anche lì fummo accolti con una deferenza e un'obbedienza che dimostravano la forte influenza di von Heydt. Da Southampton presi l'Olympia per tornare a New York. Mi recai negli uffici della Guaranty Trust per consegnare subito a Carter un rapporto. Mi chiese se volevo aspettare e tornare tra due giorni per dare il mio rapporto completo in una sessione plenaria. Erano presenti gli stessi uomini di luglio, ma questa volta c'era un rappresentante inglese seduto accanto a Glean della Royal Dutch, un uomo di nome Angell, uno dei capi della Asiatic Petroleum Co.

Carter era del parere che Hitler fosse l'uomo giusto per correre rischi. Tutti pensavano che ventiquattro milioni di dollari fossero una cifra significativa, ma ebbi l'impressione che si fidassero della determinazione e della sicurezza di Hitler per via dell'entità dell'importo. Rockefeller mostrò un interesse insolito per le dichiarazioni di Hitler sui comunisti e, mentre citavo alcune righe del discorso che avevo ascoltato a Monaco, disse che non era sorpreso che Hitler avesse chiesto ventiquattro milioni. Mi è stato chiesto se avessi saputo come Hitler intendesse armare i nazionalsocialisti e se preferisse lavorare attraverso i canali parlamentari o per le strade. Potei rispondere solo vagamente, ma la mia opinione personale era che Hitler, confidando nella propria leadership, avrebbe preso tutto ciò che poteva, e che lo considerava il lavoro della sua vita, vincendo o fallendo completamente. Carter mi chiese inoltre quale fosse la posizione di Hitler nei confronti della monarchia, se Hitler fosse in definitiva impegnato a rimettere il Kaiser sul trono. Ho risposto citando Hitler.

Non so se altre somme di denaro provenienti dall'America siano state consegnate a Hitler nel 1929 e nel 1930; se così fosse, allora era stato assunto un altro intermediario.

È un fatto che poche settimane dopo il mio ritorno dall'Europa i giornali di Hearst mostrarono un interesse insolito per il nuovo partito tedesco. Anche il New York Times, il Chicago Tribune, il Sunday Times, ecc. pubblicavano regolarmente brevi resoconti dei discorsi di Hitler. Prima non si era quasi mai interessato alla politica interna tedesca, ma ora la piattaforma del movimento hitleriano veniva spesso discussa con stupore in lunghi articoli. Nel dicembre 1929, in un mensile dell'Università di Harvard, apparve un lungo studio sul movimento nazionalsocialista tedesco, in cui Hitler veniva glorificato come il salvatore della Germania e gli veniva attribuito per la prima volta il titolo di "nome in ascesa in Europa".

1931

Ho giurato di non parlare più di relazioni finanziarie internazionali. Questo giuramento è stato troppo affrettato. Devo raccontare altri episodi che si sono verificati nelle borse di Londra e New York, per dare un'immagine più chiara di ciò che segue. Non è romantico, caro lettore, ma se ne lamenti chi fa la storia, non io.

Nel settembre del 1931 la Banca d'Inghilterra abbandonò il gold standard. Questo significa molto per un Paese il cui mondo finanziario considera l'oro la base della propria economia e di conseguenza pratica la teoria dell'oro. Fin dai tempi del grande Kent, l'Inghilterra aveva utilizzato l'oro come criterio del proprio sistema finanziario, salvo una breve interruzione nel 1915-1921. Questo cambiamento di principio e di pratica in Inghilterra ebbe grandi conseguenze in America. Il valore degli enormi depositi in oro delle Federal Reserve Banks si ridusse notevolmente. Ma questo non fu il risultato peggiore che si avvertì sul mercato azionario di New York. L'America temeva molto di più di mettere in pericolo il dollaro. Si temeva che il dollaro avrebbe seguito la stessa strada della sterlina. Il mondo finanziario americano sapeva che il declino della sterlina era il risultato di una tattica francese, volta a indebolire finanziariamente Londra, impedendo ulteriori aiuti alla Germania. La posizione di New York nel 1931 non era molto diversa da quella di Londra nel 1929 e nel 1930, per questo motivo l'America temeva di essere lasciata senza protezione dalle stesse tattiche francesi nel caso in cui Londra avesse collaborato con la Francia. I finanzieri francesi hanno dimostrato fin dal 1926 di essere abili manipolatori. Poincare è il più grande genio finanziario di questi tempi. In precedenza, i finanzieri e gli esperti americani e inglesi avevano guardato con fiducioso disprezzo i colleghi francesi. Gli anni 1926 e 1931 e il periodo intermedio ci hanno insegnato che potremmo imparare molto dal mondo finanziario francese. Forse ne darò qualche prova in seguito per i lettori dubbiosi. Tuttavia, ciò non rientra nel quadro di riferimento di questo libro. New York era tesa.

Questa tensione si era trasformata in inquietudine - lo stesso era accaduto a Londra qualche anno prima -: enormi spedizioni di oro venivano effettuate da New York verso l'Europa, e sembrava che queste spedizioni fossero destinate per la maggior parte alla Francia. Questo non è assolutamente certo. All'inizio eravamo contenti di queste spedizioni d'oro, perché da tempo avevamo rinunciato a credere alla leggenda finanziaria secondo la quale grandi forniture d'oro significano effettivo benessere per un Paese. Ma i francesi ci credevano ancora. Quando, tra la fine di settembre e l'inizio di ottobre del 1931, in tre settimane furono spediti in Europa tra i 650 e i 700 milioni di dollari in oro, diventammo piuttosto ansiosi. Si tratta dei cosiddetti particuliers, spedizioni parziali. I depositi d'oro del governo francese erano ancora nelle Federal Reserve Banks. Alla fine di ottobre erano stimati in 800 milioni di dollari. Se questa somma fosse stata richiesta, cosa sarebbe successo? Naturalmente eravamo disposti a pagarla, ma ciò avrebbe provocato il panico negli Stati Uniti e la fuga dal dollaro sarebbe diventata un fatto. La Francia aveva quindi in mano la chiave della situazione del dollaro.

Torniamo indietro di qualche settimana. Hoover aveva concesso un'intervista a un redattore del Chicago Tribunes. Inconsapevolmente Hoover e il redattore fecero il gioco della Francia. Pochi leader possiedono una visione finanziaria internazionale. Sapete che un Rockefeller, un Wanamaker, un Harding, figlio del defunto Presidente, e, dirò con calma, persino Hoover, sono tutti infantilmente inetti e ingenui in questo campo? Conosco anche statisti di Paesi europei che sanno altrettanto poco di finanza ed economia internazionale. Non si tratta di un fenomeno specificamente americano.

Andiamo oltre. Hoover disse all'editore della sua intenzione di fare presto proposte radicali riguardo alle riparazioni alla Germania e alla regolamentazione dei debiti di guerra tra tutti gli Stati. Dalle informazioni dell'editore si evinceva che Hoover avrebbe potuto proporre l'annullamento dei pagamenti delle riparazioni. La maggior parte degli americani rimase sbalordita dalla proposta. Ma la Francia era in qui-vive. Non so se nell'ottobre del 1931 Hoover, di sua iniziativa, chiese a Laval di venire a Washington, o se Laval si autoinvitò. Negli ambienti finanziari di Wall Street si credeva la seconda ipotesi. Quindi Laval stava arrivando a Washington, ma inaspettatamente due finanzieri francesi giunsero a New York, atterrando il 15 ottobre, lo stesso giorno dell'arrivo di Laval. I finanzieri francesi erano Farnier, governatore delegato della Banca di Francia, e Lacour-Gayet, ex addetto finanziario dell'ambasciata francese a Washington. Essi contattarono immediatamente i direttori delle Federal Reserve Banks, che poi coinvolsero due rappresentanti del Dipartimento del Tesoro. Sono circolate molte voci su ciò che è stato discusso in questo incontro. So da Carter che cosa è stato detto in generale. Non ha mai rivelato molti dettagli. Ne ho dedotto che i negoziati non erano sempre amichevoli. I francesi erano venuti a New York per decidere, insieme alle Federal Reserve Banks, cosa si sarebbe potuto fare a New York. Essi ritenevano che il governo francese avesse perso diversi milioni a causa del declino della sterlina e della rinuncia di Londra al gold standard. La debolezza del dollaro aveva causato disordini a Parigi e volevano essere sicuri di non subire ulteriori perdite a causa del dollaro. Volevano sapere cosa si stava facendo per sostenere il dollaro. Naturalmente vennero menzionate le enormi spedizioni d'oro verso l'Europa e l'enorme deposito francese presso le banche della Federal Reserve. I francesi erano disposti a trasferire la somma di 200 milioni di dollari, una somma che secondo i calcoli francesi era ancora depositata nelle banche private americane, alle Federal Reserve Banks, rafforzando così la propria posizione. I francesi, tuttavia, aggiunsero delle condizioni:

1. Le Federal Reserve Banks devono garantire un tasso di cambio minimo sul dollaro, applicabile ai conti francesi negli USA;
2. Il tasso di interesse per queste somme dovrebbe essere aumentato del 4,5%;
3. Si dovrebbe stabilire una somma minima che la Francia lascerebbe negli Stati Uniti.

Poiché gli americani non erano immediatamente disposti ad accettare queste condizioni, i francesi rivelarono con nonchalance che, anche se l'accordo che loro, Lacour-Gayet e Farnier, avrebbero concluso con le Federal Reserve Banks era di grande importanza, era solo una parte di un accordo generale che Laval avrebbe concluso pochi giorni dopo a Washington. Avevano fatto uscire il gatto dal sacco. Era chiaro che Laval doveva dissuadere Hoover dai suoi piani di pagamento delle riparazioni e di regolamentazione dei debiti, e che Laval doveva utilizzare i fondi governativi depositati nelle S.A. per costringere il Presidente a rinunciare ai suoi piani. Nessuno può dire quale fu il risultato di queste trattative sia a New York che a Washington. Il mondo bancario di New York si oppose ostinatamente all'idea che gli Stati si vendessero agli interessi francesi sul territorio internazionale per la somma di 800 milioni di dollari - i fondi francesi in America. È un dato di fatto, tuttavia, che

Hoover promise a Laval di non intraprendere nulla che riguardasse la questione della ricostruzione e della regolamentazione dei debiti senza prima consultare il governo francese. Quando Wall Street lo scoprì, Hoover perse in un sol colpo il rispetto di questa cerchia. Anche le elezioni successive ne risentirono: molti ritengono che la mancata rielezione di Hoover sia da ricondurre a questo problema. Si dimentica che Hoover si trovava nel bel mezzo di una situazione difficile. Da un lato, il mondo bancario americano con a capo la Federal Reserve Banks, che rappresentava l'opinione che l'Am erica avrebbe potuto tranquillamente fare a meno del deposito francese se questo fosse stato usato impropriamente dalla Francia per esercitare un'influenza morale sul governo degli Stati Uniti nel campo della politica internazionale. Dall'altra parte c'era il Dipartimento del Tesoro, i cui dirigenti avrebbero fatto di tutto per evitare il panico da dollaro, facendo riferimento al precedente inglese.

Nell'ottobre del 1931 la situazione era tesa a Wall Street e l'atmosfera era minacciosa. Alla fine del mese ricevetti la seguente lettera da Hitler a Berlino:

Il nostro movimento sta crescendo rapidamente in tutta la Germania, ponendo grandi esigenze alla nostra organizzazione finanziaria. Ho usato il denaro che mi avete procurato per costruire il partito e ora mi rendo conto che dovrò lasciare il Paese in un tempo prevedibile se non ci saranno nuove entrate. Non ho accesso a ingenti fonti finanziarie governative, come i nostri nemici comunisti e socialdemocratici, ma dipendo completamente dai contributi dei parenti. Non è rimasto nulla di quanto ho ricevuto. Il mese prossimo dovrò iniziare l'ultima grande azione che ci porterà al potere in Germania.

È necessaria una grande quantità di denaro. Vi chiedo di comunicarmi immediatamente quanto posso contare su di voi.

Due cose mi colpirono di questa lettera. Era la prima volta che Hitler usava la parola partito con me. Il suo tono nella lettera era più di comando che di petizione. Sebbene la lettera fosse datata da Berlino, arrivò in una busta con timbro postale di New York e francobollo americano. Hitler doveva avere già dei sostenitori negli Stati Uniti, in particolare a New York.

Il giorno dopo ero da Carter e gli consegnai la lettera. Carter era il leader dell'opposizione al comportamento da "vecchia signora" del governo, come lo chiamava lui, riguardo alle richieste francesi. La notizia della retromarcia di Hoover lo aveva fatto arrabbiare a tal punto da sfogare la sua rabbia per la Francia con chiunque volesse ascoltare. Carter era un uomo dal temperamento focoso. Lesse la lettera di Hitler e cominciò a ridere, poi imprecò e si diede dell'idiota. Mi disse: "Siamo proprio degli idioti. Dal 1929 non abbiamo mai pensato a 'quest'uomo' Hitler. Per tutto questo tempo abbiamo avuto in mano i mezzi per abbattere la Francia e non li abbiamo usati. Aspettate, oggi pomeriggio terremo una riunione qui e cercherò di contattare Montagu Norman della Banca d'Inghilterra, che è qui a New York. Se verrà, potremo giocare le nostre carte. Naturalmente dovrete venire anche voi".

L'incontro presso gli uffici della Guaranty Trust Co. è stato molto partecipato. Posso solo spiegare questo fatto con il fatto che la situazione tesa del mercato azionario di New York richiedeva la presenza dei suoi leader, e Carter li aveva raggiunti tutti facilmente. Le opinioni erano divise. Rockefeller, Carter e McBean erano gli hitleriani, se così si può dire, mentre gli altri erano indecisi. Per prima cosa, Montagu Norman dovette essere informato degli eventi del 1929. Trovò molto elevata la somma di dieci milioni di dollari per finanziare un movimento politico, un'opinione che non fu compresa dagli altri, poiché era ben noto che i partiti politici in Inghilterra spendono somme enormi per la propaganda. Glean della Royal Dutch condivideva l'opinione di Montagu Norman. Aggiunse che nelle pubblicazioni del movimento hitleriano c'era poca aggressività contro la Francia. Riteneva che Hitler fosse un chiacchierone e che non avrebbe mai agito. Notò anche come Hitler avesse ovviamente cambiato il suo "movimento" in un "partito", una trasformazione che avrebbe dato grande importanza ai suoi sforzi parlamentari. Glean concluse il suo commento dicendo che si era parlato abbastanza, in Germania più che altrove, e che un uomo come Hitler si sarebbe prestato al gioco della maggioranza dei suoi seguaci nel

Reichstag senza cambiare nulla della situazione esistente. Carter e Rockefeller si opposero a questo punto di vista, affermando che, anche se Hitler avesse ottenuto la maggioranza in parlamento, non avrebbe potuto essere dissuaso dalla piattaforma che lo vincolava al popolo tedesco, ed era obbligato a usare ciò che aveva scritto e parlato come unico metodo per far uscire il Paese dai tempi difficili. Avrebbe dovuto scendere in strada con i suoi seguaci e allo stesso tempo mantenere gli sforzi parlamentari, se non voleva perdere il suo immenso sostegno. Alla fine si convenne che, in linea di principio, Hitler avrebbe dovuto essere ulteriormente assistito, ma che qualcuno avrebbe dovuto essere direttamente informato della situazione in Germania e nel partito hitleriano prima di stabilire l'importo.

Mi è stato chiesto se ero disposto ad accettare questo incarico e a telegrafare l'importo a Carter come prima, firmando poi in Europa come nel 1929, o nel modo che ritenevo migliore.

Non sono riuscito a liberarmi immediatamente dai miei affari, così dopo dieci giorni sono partito per l'Europa.

Molto era cambiato in Germania dal 1929. Il movimento nazionalsocialista, il cui "Fuhrer" mi aveva ricevuto in una birreria nel 1929, aveva raggiunto i livelli più alti della società e aveva il suo quartier generale nella stessa città, in uno dei più bei palazzi nella parte migliore della città. I nazionalsocialisti avevano le loro case dappertutto, nelle città di Berlino, Amburgo, Francoforte, Dusseldorf, Colonia, e due guardiani in uniforme stavano sempre davanti a ciascuna di esse, giorno e notte come davanti a una caserma.

Ho visto numerosi passanti salutare i guardiani con un movimento del braccio simile al saluto fascista, ognuno dei quali gridava contemporaneamente "Heil Hitler". Non c'era bisogno di studiare molto per capire che il seguito di Hitler era aumentato enormemente dal 1929. Ho potuto accorciare il mio viaggio in Germania, perché ho visto la stessa immagine ovunque. Il sabato pomeriggio e la domenica, nella maggior parte delle città, la maggior parte dei giovani indossava l'uniforme e marciava in formazioni poco diverse dai gruppi militari. È vero che c'erano differenze tra le uniformi, ma la maggior parte era marrone e nera. Le svastiche erano ovunque, l'emblema del partito hitleriano. Persino le donne avevano svastiche sui bordi delle loro borse - la commessa del negozio di sigari di Berlino, dove facevo regolarmente acquisti, portava un'enorme svastica su una sottile collana. Non si trattava di una sciocca decorazione, l'intento di mostrare convinzione era evidente. Ho parlato con un direttore di banca di Amburgo che avevo conosciuto bene in passato. Era piuttosto preso da Hitler e mi confessò che prima si era fidato di più del partito nazionalista tedesco, ma ora dubitava del suo successo perché il partito era controllato dai monarchici e il popolo tedesco non aveva dimenticato il tradimento della famiglia imperiale nel 1918. Era difficile per me prendere sul serio la sua opinione, perché era un ebreo. Avevo bisogno di una spiegazione, così gli chiesi come fosse possibile che lui, in quanto ebreo, fosse solidale con il partito di Hitler. Si mise a ridere. "Hitler è un uomo forte, ed è quello di cui la Germania ha bisogno. I compromessi e i tentennamenti devono finalmente finire. Il popolo tedesco non è abbastanza maturo per la democrazia. Quando il Kaiser governava male il Paese, ed era l'unico responsabile dell'amministrazione, nessuno si opponeva, ognuno svolgeva il proprio compito, capiva il proprio dovere. I tedeschi sono un'altra cosa rispetto agli inglesi e agli americani. Devono avere qualcuno da ammirare, poi faranno tutto quello che gli viene ordinato solo perché è l'uomo forte a dare gli ordini. Hanno sempre avuto praticamente solo disprezzo per un Ebert, anche per i socialdemocratici, e per quanto riguarda Hindenburg, lo rispettano, ma si rammaricano che non possa agire come reggente nel vero senso della parola. Dal 1918 abbiamo avuto Cancellieri che erano persone comuni, che avevano raggiunto la cima della scala attraverso la politica. Nessuno li rispettava. Un principe di sangue puro in opposizione al Kaiser sarebbe stato un buon Cancelliere". Ho osservato che anche Hitler proveniva da origini basse.

"Certo, ma questa è un'altra storia. Hitler si è fatto strada da solo e non si è infilato in un partito politico per raggiungere i suoi obiettivi, ma ha creato un suo partito dal nulla. Vedrete che Hitler è in ascesa. Durerà solo un altro anno, poi sarà lui l'uomo. Ha iniziato in trincea e finirà come dittatore". Posi di nuovo la domanda su come il mio informatore, in quanto ebreo, potesse essere un membro del partito di Hitler. Egli passò sopra alla domanda con un gesto della mano. "Per ebrei Hitler intende gli ebrei galiziani, che hanno inquinato la Germania dopo la guerra. Egli riconosce gli ebrei di pura origine tedesca come uguali agli altri tedeschi, e quando sarà il momento non ci disturberà in alcun modo. Inoltre, non bisogna dimenticare che gli ebrei controllano sia il Partito Socialdemocratico che il Partito Comunista. Dovrà conquistarli non perché sono ebrei, ma perché sono comunisti o socialdemocratici". Intervenni di nuovo dicendo che Hitler era ancora contro il capitale bancario ebraico, posso anche dire contro le banche in generale. Il mio informatore pensò che fossi molto ingenuo. Aggiunse che la piattaforma di Hitler non poteva essere soddisfatta su tutti i punti, e Hitler lo sapeva molto bene. "Deve fare richieste irrealizzabili per conquistare le masse, e questo è certamente l'ultimo aspetto che dovrebbe preoccuparci. Quando Hitler arriverà al potere non dovrà più stare così attento alle masse; allora sarà abbastanza forte da far passare qualsiasi cosa voglia".

Due giorni dopo parlai con un magnate dell'industria. Anche lui era un seguace del nazionalsocialismo. Lessi anche tutti i giornali e cercai di fare un riassunto coerente delle correnti politiche della stampa tedesca; giunsi alla conclusione che il Partito Nazionalsocialista mostrava la maggiore attività, aveva stabilito le sue radici in tutti i livelli della popolazione, e che l'opposizione dei comunisti, dei socialdemocratici e degli altri partiti era tiepida e decisamente scoordinata.

Mi convinsi sempre di più che Hitler non stava facendo esperimenti, ma voleva raggiungere un obiettivo ben definito, sostenuto dalla maggioranza del popolo tedesco. Era giunto il momento di contattare Hitler e scrissi all'indirizzo di Berlino che avevo ricevuto da lui e presi una stanza all'Hotel Adlon. Il giorno dopo, mentre leggevo i giornali nella hall dell'albergo, fui chiamato al telefono. Una voce, molto probabilmente femminile, mi chiese se sarei stato in albergo la sera e fece riferimento a una lettera che avevo indirizzato al "Fuhrer".

Ricevetti von Heydt e un nuovo arrivato nella mia stanza. Mi fu presentato come Luetgebrunn. Dopo una breve dichiarazione di von Heydt, Luetgebrunn iniziò a parlare. Era come se stesse facendo un discorso preparato, di tanto in tanto dava un'occhiata a un fascio di appunti.

"Le nostre attività con i disoccupati sono riuscite contro ogni aspettativa, ma costano molto. La nostra organizzazione è militare e quindi non è economica. Le nostre case in varie città sono tutte allestite come caserme, la nostra gente dorme lì, mangia lì, tutto a spese del partito. Noi forniamo le uniformi, chi ha i soldi le compra, ma i disoccupati non devono essere allontanati dai costi dell'equipaggiamento. Per questo motivo siamo obbligati a donare gratuitamente uniformi e altre attrezzature ai nostri membri disoccupati. Alcuni dei nostri mezzi di trasporto appartengono a membri del partito, ma abbiamo dovuto provvedere noi stessi a camion e altri mezzi di trasporto nelle aree in cui non abbiamo molto seguito. Ci sono membri del partito che non possono prestarci i loro camion perché temono di perdere clienti. Poi c'è da pensare alle armi. Dobbiamo comprare le armi dai contrabbandieri e le loro richieste sono alte. Abbiamo le nostre postazioni di acquisto ai confini di Austria, Olanda e Belgio, ma spesso le armi vengono confiscate dalle autorità, se ne perdono migliaia e dobbiamo ricominciare da capo. Non abbiamo stabilito contatti diretti con le fabbriche di armi; l'unica con cui abbiamo contatti è la F. N. Fabrik in Belgio, ma la quantità che ci è stata garantita è troppo piccola. I nostri distaccamenti d'assalto sono equipaggiati in modo incompleto. Non possiamo comprare mitragliatrici. Revolver e carabine non sono sufficienti per le strade, flussi di disoccupati si uniscono nelle città e ogni nuovo uomo costa denaro".

Luetgebrunn continuò su questa linea per un bel po'. Poi fu la volta di von Heydt, che mi informò che il "Fuhrer" mi avrebbe ricevuto il giorno dopo alle undici del mattino nella sua casa al 28 di Fasanenstrasse. Dovevo solo dare il mio nome alla cameriera. Il numero 28 della Fasanenstrasse è una normale casa di famiglia. Dall'esterno non si capiva che qui vivesse il "Fuhrer", non c'erano uniformi marroni o altri segni. Una visita ordinaria a un cittadino comune. Hitler era invecchiato nei due anni in cui non l'avevo visto. Eppure lo trovai meno nervoso, più dignitoso, vestito con più cura, potrei dire che era più sicuro di sé. Sembrava contento di rivedermi, perché mi chiese con interesse ogni sorta di dettaglio su di me. Poi, secondo la sua consueta abitudine, iniziò con l'argomento principale senza presentazioni.

"Non ho molto tempo. Luetgebrunn vi ha già informato di tutto. Cosa ha detto l'America? Dateci ancora un anno e avremo il potere nelle nostre mani. Legge i rapporti del Reichstag? Cosa ne pensa della nostra manifestazione? Quando uno dei nostri delegati si alza, tutti ascoltano e le orde rosse tremano e tremano. Prenderemo quei novellini. Hanno tradito e venduto il popolo tedesco e noi li puniremo per questo. Abbiamo preparato un piano di mobilitazione che funzionerà come un orologio. Uno dei miei migliori partner è Goring. L'ho affidato a lui. Le nostre truppe possono essere mobilitate in tutto il Paese in due ore per scendere in strada. Prima vengono i distaccamenti d'assalto, il cui compito è quello di occupare gli edifici, fare prigionieri i leader politici e i membri del governo che non collaborano con noi. Poi arriveranno gli altri nostri uomini, che occuperanno continuamente gli edifici, e la nostra organizzazione sarà completa. Se il sangue deve scorrere, lo farà. La rivoluzione non si fa con un fazzoletto; che il fazzoletto sia rosso o bianco non c'entra nulla. Ai traditori si può insegnare come comportarsi solo con la forza".

Volevo chiedere qui quale sarebbe stata la politica estera. Hitler si alzò e attraversò la stanza a grandi passi. "I Paesi stranieri saranno divisi in due campi. I nostri nemici e i nostri concorrenti. I nostri nemici sono innanzitutto la Francia, la Polonia e la Russia, i nostri concorrenti sono l'Inghilterra, l'America, la Spagna, la Scandinavia e l'Olanda. Non abbiamo conti in sospeso con nessuno degli altri Paesi. La popolazione dell'Alsazia-Lorena deve essere portata alla rivoluzione, così come la Slesia. Questo è il nostro primo compito, non appena riusciremo a prendere il potere. Se la Francia vuole la guerra, allora guerra sarà. Non riconosciamo il Trattato di Versailles. Voglio vedere la Germania e il popolo tedesco liberi. Se non ci sarà permesso di armarci, lo faremo di nascosto. Tutti i governi tedeschi hanno mostrato tutte le loro carte alla Francia. Noi non lo faremo. Le nostre divisioni non sono reggimenti, le nostre armi non sono materiale bellico. In due anni costruirò un esercito tedesco abbastanza forte da circondare la Francia. Farò adattare l'industria chimica a scopi bellici. La situazione dei nostri concorrenti è ancora più semplice. Non possono vivere e lavorare senza la Germania. Farò delle richieste. Ovunque i prodotti tedeschi vengano respinti a causa delle alte tasse sulle importazioni, la produzione deve essere mantenuta illimitata. Il popolo tedesco deve essere totalmente autosufficiente e se non funziona solo con la Francia, allora coinvolgerò la Russia. Ai sovietici non possono ancora mancare i nostri prodotti industriali. Daremo credito, e se non sarò in grado di sgonfiare la Francia da solo, allora i sovietici mi aiuteranno".

Devo fare una piccola osservazione. Quando sono tornato in albergo ho trascritto questa conversazione parola per parola. I miei appunti sono davanti a me e non sono responsabile della loro incoerenza o incomprensibilità. Se pensate che le sue opinioni sulla politica estera siano illogiche, è colpa sua, non mia. Continuerò.

"Stalin ha fatto dei piani e ci riuscirà perché ha conquistato il popolo russo. Anch'io farò dei piani e mi atterrò rigorosamente ad essi; ciò che i russi possono fare noi possiamo farlo due volte più rapidamente e due volte più intensamente. Dopo un anno di governo non ci sarà più disoccupazione in Germania. Gli ebrei saranno esclusi, così come i comunisti e i socialdemocratici; i campi in cui li rinchiuderò sono già in fase di progettazione. La Reichswehr è già nelle nostre mani fino all'ultimo uomo. Il governo non se n'è nemmeno accorto, ma li lascerò alla loro cecità: sono sicuro del mio controllo. Goring e Gobbels, Streicher e von Heydt sono stati a Roma molte volte e hanno parlato con Mussolini, Rossi, Dumini e altri capi fascisti di tutta l'organizzazione. Anche noi stiamo costruendo la nostra organizzazione in base alle nostre circostanze. Mussolini e Stalin, il primo più del secondo, sono gli unici leader per i quali ho rispetto. Tutti gli altri sono un mucchio di vecchie mogli. Stalin è un ebreo, è un peccato. von Heydt le ha detto quanto ci serve? Quando è arrivata la sua lettera abbiamo calcolato tutto esattamente. Avete idea in

America di quante difficoltà abbiamo qui? Se tutto seguisse i soliti canali politici sarebbe facile, ma non c'è città in Germania in cui io non sia accolto con gioia. Sicuramente otterrò una maggioranza politica, ma il popolo deve avere paura, nel caso in cui la NSDAP non si sottragga dall'utilizzare altri metodi per raggiungere i miei obiettivi, nel caso in cui le mie mosse politiche parlamentari non abbiano successo. Possiamo creare paura solo mostrando il potere. Questo è possibile solo con uniformi e armi. Se un paio di comunisti dovessero essere uccisi da un gruppo di camicie brune, questo avrebbe per il partito lo stesso valore propagandistico di un mio discorso. Mussolini ha introdotto un nuovo periodo nella politica. È il primo a fare politica interna con qualcosa di diverso dai paroloni e dalle mozioni parlamentari. In breve, tutto ciò che serve per mostrare il nostro partito come una potenza all'estero e per impressionare il popolo costa. Vi ho scritto in quel momento perché il tempo a nostra disposizione si sta esaurendo ed è arrivato il momento di prendere rapidamente in mano la situazione. In alcuni luoghi siamo stati costretti a respingere i disoccupati. A questo punto è deplorevole, perché con i disoccupati si può fare tutto, se solo si possono dare loro uniformi e cibo. Conosce le nostre caserme? Le farò vedere una delle nostre case qui a Berlino. Non ho bisogno di persone più ricche che temono per i loro beni quando le cose si fanno difficili. Abbiamo bisogno dell'operaio comune, del proletariato, che in fondo non ha nulla da perdere. Ha parlato anche con Luetgebrunn? È un avvocato, ma un intellettuale di buon livello. In genere non ho molta stima degli intellettuali. Tirano sempre in ballo la scienza e gli insegnamenti storici. Che cosa hanno ottenuto con tutte le loro conoscenze? Niente. Ora è il nostro turno, ora lasciamo parlare il pugno e la spada. Lavorare e combattere, sicuramente questa deve essere la vita completa. Sogni e discorsi non hanno mai portato a nulla. Avete anche contatti con la Reichsbank? Si suppone che lì ci sia una grande confusione. Quando arriverò lì, metterò tutto a posto. Schacht mi sembra il migliore del lotto, ma è un medico, e questo non mi piace. Queste persone sono diventate per lo più inaffidabili a causa di tutte le loro falsificazioni. Dobbiamo porre fine a questi studi e a questi sogni. I giovani devono lavorare la terra ed essere addestrati per poter combattere, se presto dovesse essere necessario".

Il suo camminare avanti e indietro nella stanza mi rendeva nervosa. Forse anche le sue parole taglienti e la mancanza di un filo conduttore nella sua conversazione mi stavano facendo stancare. Ma Hitler continuò: "Se vivessi in America, non avrei nulla a che fare con la politica; lì il popolo è veramente libero ed è un privilegio essere americano. Negli ultimi anni essere tedesco è diventato una vergogna. Faremo in modo che torni a essere un onore. Sa che non mi daranno questo nome vergognoso? Sono nato in Austria, quindi non sono tedesco. È ridicolo. Mi riconosceranno in ginocchio, non come uno di loro, ma come uno al di sopra di loro. I comunisti cominciano ad avere paura, gli ebrei pensano che non andrà davvero così, e i socialdemocratici credono ancora di potersi salvare la pelle con discorsi e mozioni parlamentari. I migliori qui a Berlino sono i comunisti, i loro leader si lamentano con Mosca delle loro cattive condizioni e chiedono aiuto. Ma non si rendono conto che Mosca non può aiutarli. Devono aiutarsi da soli, ma sono troppo codardi per farlo. La questione più difficile ora è il nostro rapporto con le chiese. La chiesa luterana-tedesca mi sta dando problemi, le altre chiese protestanti si adatteranno presto. Ma i cattolici. Dovete sapere che io sono cattolico. Il partito di centro[3] è molto forte e può ottenere qualcosa con l'appoggio dei partiti bavaresi. Dobbiamo neutralizzare questo partito in modo da essere i più forti. So bene che ci sono anche dei furfanti al suo interno, ma per il momento li lascerò in pace. In alcuni distretti i vescovi si stanno scagliando contro i nazionalsocialisti, ci sono preti che non danno l'assoluzione ai nazionalsocialisti e negano loro la comunione. Un buon pestaggio cambierebbe le cose, ma non è una buona tattica in questo momento; dobbiamo aspettare".

"Quindi von Heydt non ha menzionato alcuna somma, e nemmeno Luetgebrunn. No, non poteva, non conosceva l'importo. Vedrete, abbiamo calcolato tutto esattamente e lasceremo la scelta ai vostri finanziatori. Ci sono due possibilità. O scendiamo in strada non appena i nostri distaccamenti d'assalto saranno completamente

---

[3] Partito cattolico

organizzati, il che richiederà tre mesi dopo aver ricevuto il denaro. Oppure lavoriamo con costanza con i voti e teniamo le nostre truppe pronte se dovessero essere necessarie. Il primo lo chiamiamo piano di rivoluzione, il secondo piano di "presa di potere legale". Come ho detto, il primo è una questione di tre mesi, il secondo di tre anni. Cosa ne pensa lei stesso?".

Non potei fare altro che mostrare la mia ignoranza scrollando le spalle. "Naturalmente voi americani non conoscete la situazione qui, ed è difficile dire quale sia il metodo migliore da usare. Ma cosa pensa che diranno i suoi finanziatori?". Ancora una volta non seppi dare una risposta. Hitler continuò.

"Vedete, non è chiaro nemmeno a me, né ai miei collaboratori, quale strada dovremmo seguire. Goring è semplicemente per la rivoluzione, gli altri più per la presa di potere legale, e io sono a favore di entrambe. La rivoluzione può mettere il potere nelle nostre mani in pochi giorni, la presa di potere legale richiede lunghi mesi di preparazione e molto lavoro sotterraneo. Naturalmente c'è una ragione per cui non siamo stati in grado di prendere una decisione, ed è che non sappiamo quanto denaro possiamo contare sui vostri finanziatori. Se foste stati più generosi nel 1929 le cose si sarebbero risolte molto prima, ma con dieci milioni di dollari siamo riusciti a malapena a realizzare metà del nostro programma. Vi illustrerò i nostri calcoli. Rivoluzione significa attirare la gente con grandi donazioni ai disoccupati, acquistare rapidamente armi e organizzare i nostri distaccamenti d'assalto. I contrabbandieri si approfitteranno di noi e chiederanno prezzi che ridurranno drasticamente i nostri fondi. Con molti soldi riusciremo sicuramente a contrabbandare mitragliatrici, non ha senso aprire il nostro attacco senza mitragliatrici".

"La presa di potere legale, invece, quando sarà finalmente completata, dopo che avremo forzato diverse elezioni facendo ostruzionismo nei Landtag e nel Reichstag, allora le masse saranno stanche di votare e saranno facilmente bluffate dalla nostra abile propaganda. Mentre ci occupiamo del lavoro parlamentare, armiamo il nostro popolo e organizziamo i distaccamenti d'assalto. Poi basteranno alcune dimostrazioni ripetute di tanto in tanto contro i comunisti per dare al popolo un'idea del nostro potere armato. Inoltre, sfrutteremo il momento per penetrare ancora più a fondo nei ranghi della Reichswehr. Le elezioni, dandoci una maggioranza effettiva, raggiungono lo stesso risultato della rivoluzione in tre o quattro mesi. Vorrei avere entrambe le strade. Tutto dipende dai soldi".

Hitler si sedette al suo tavolo. Tirò fuori il suo piccolo taccuino, mi guardò e continuò.

"La rivoluzione costa cinquecento milioni di marchi, l'acquisizione legale duecento milioni di marchi". Aspettò. "Cosa decideranno i vostri finanziatori?".

Non potevo rispondere. Promisi di contattare New York e di riferire al più presto le loro decisioni. Hitler riprese la conversazione e cominciò a divagare.

"Voi americani dovete essere interessati a che il nostro partito vada al potere in Germania, altrimenti non sareste qui e dieci milioni di dollari non mi sarebbero mai stati dati nel 1929. I vostri motivi non mi interessano, ma se capite bene la situazione vi renderete sicuramente conto che non posso andare da nessuna parte senza mezzi finanziari. I comunisti qui ricevono denaro da Mosca, lo so e posso provarlo. I socialdemocratici sono sostenuti da banchieri ebrei e da altre grandi banche e hanno un'enorme tesoreria. I nazionalisti tedeschi ricevono ingenti somme dalla grande industria e il loro leader Hugenberg possiede diversi giornali che ottengono grandi profitti. Il Partito di Centro ottiene tutto il denaro di cui ha bisogno dalla Chiesa cattolica, che ha miliardi a disposizione, soprattutto nella Germania meridionale. Se paragono tutto ciò ai miseri quaranta milioni di marchi che ho ricevuto dai vostri finanziatori nel 1929, allora stento a credere che avremmo potuto osare iniziare la nostra pianificazione con fondi così limitati. Avrà notato i progressi compiuti in Germania e qui a Berlino dal 1929. Non siete stupiti di questi risultati? Devo dirvi qualcos'altro? La Reichswehr è nazionalsocialista fino in fondo. Lo sapete già, ma non c'è servizio pubblico in cui il nostro partito non abbia un forte seguito, siamo particolarmente potenti nelle ferrovie e nelle poste, e quando i nostri slogan rivoluzionari saranno diffusi tra qualche mese potremo mettere le mani su queste istituzioni statali senza troppi problemi. Quando vi ho parlato nel 1929 ho dovuto ammettere che il Nord e la Renania erano ancora tiepidi. Ora la situazione è completamente cambiata. Siamo ben organizzati anche a Francoforte sul Meno, dove il tedesco

Nazionalisti e comunisti hanno un forte seguito. I membri del partito siedono in numerosi consolati stranieri e parteciperanno attivamente al primo segnale di Berlino. Tutto questo non ha forse un significato? Non dimostra che quei "miseri" quaranta milioni sono stati ben investiti? Ma ora tutto deve andare bene e in fretta, e i nostri soldi sono esauriti. Dica ai suoi finanziatori che, nel loro stesso interesse, devono inviare i cinquecento milioni di marchi il più presto possibile, così avremo finito al massimo in sei mesi".

Hitler urlò queste ultime frasi come se si trovasse a un comizio politico e mi assalì come se fossi il suo peggior nemico. Ne avevo abbastanza. Ripetei che avrei fatto rapporto a New York e glielo avrei fatto sapere appena possibile. Lo stesso giorno telegrafai. Ci vollero cinque giorni per ricevere una risposta da New York. In quei cinque giorni ebbi la sensazione di non essere mai solo. Tranne, ovviamente, durante le ore trascorse in albergo. Mi sembrava di vedere ovunque persone che mi seguivano. Non so ancora se fosse la realtà o la mia immaginazione, ma mi sono venute in mente diverse occasioni che sono la prova evidente di un controllo continuo su di me in quei cinque giorni. Ma non voglio stimolare l'istinto investigativo dei miei lettori. C'è però un caso che vorrei raccontare. Il secondo giorno dopo il colloquio con Hitler andai sulla Kurfurstendamm verso Wilmersdorf. Un vecchio amico della mia famiglia viveva in una villetta lì. Volevo fargli visita. Mentre percorrevo il Kurfurstendamm e svoltavo nella strada dove si trovava la villa, vidi chiaramente passare davanti a me un uomo che avevo notato almeno tre o quattro volte davanti o dietro negli ultimi dieci minuti. Arrivai alla villa e stavo per premere il campanello elettrico quando vidi una piccola scatola fuori dai cespugli. Su di essa era stampata a matita la parola: assente. Non suonai. Quella sera telefonai a casa del mio amico dall'albergo. Non riuscii a collegarmi e, dopo aver aspettato diversi minuti, l'operatore mi disse che non c'era nessuno in casa. Questo sembrava ancora molto normale e naturale a Berlino, ma più tardi - avevo scritto una lettera al mio amico il mio ultimo giorno a Berlino, dicendogli quanto mi fosse dispiaciuto per la sua assenza - ricevetti una risposta da lui a New York, in cui diceva che non era stato lontano da Berlino e non riusciva a capire la mia dichiarazione sulla sua assenza. Anch'io non ho capito la storia fino a quando non ho saputo, all'inizio di quest'anno, che il nostro vecchio amico di famiglia a Berlino era un noto socialdemocratico ed era volato in Svizzera. In genere noi americani ci interessiamo solo in minima parte alle convinzioni politiche dei nostri amici. Non avevo mai saputo che fosse un socialdemocratico, ma ora l'incidente del

1931 è chiaro e credo che in quei cinque giorni non solo fossi sorvegliato personalmente, ma anche il mio telefono e la mia stanza d'albergo fossero sotto controllo. Non dobbiamo dimenticare che nel 1931 Hitler non era ancora Reichskanzler, ma solo leader di un forte partito politico.

La risposta di Carter non è stata chiara. Ho risposto con un telegramma: "Ripeto", e poi ricevetti un lungo cablogramma:

Gli importi suggeriti sono fuori discussione. Non vogliamo e non possiamo. Spiegate all'uomo che un simile trasferimento all'Europa manderà in frantumi il mercato finanziario. Assolutamente sconosciuto sul territorio internazionale. Aspettatevi un lungo rapporto, prima che venga presa una decisione. Rimanere lì. Continuare le indagini. Convincere l'uomo di richieste impossibili.

Non dimenticate di inserire nella relazione la vostra opinione sulle possibilità per il futuro dell'uomo.

Carter non credeva molto nelle capacità finanziarie di Hitler. Avrebbe aspettato un mio rapporto dettagliato prima di prendere una decisione e si aspettava che convincessi il Fuhrer dell'impossibilità delle sue richieste e che includessi nel rapporto la mia opinione sulle possibilità di successo.

Scrissi a Hitler una breve lettera e gli descrissi il contenuto del telegramma. Due giorni dopo vennero a trovarmi in albergo due uomini che non avevo ancora incontrato, Goring e Streicher. Il primo era un uomo dall'aspetto elegante, affascinante, molto brutale, mentre il secondo mi fece un'impressione femminile.

Goring aprì la conversazione esprimendo il suo stupore per il fatto che non condividessi l'opinione del Fuhrer. Sarebbe stato certamente difficile per un americano capire la situazione tedesca, ma il Fuhrer mi aveva informato così bene dei piani e della piattaforma del partito, che avrei dovuto essere ben al corrente della situazione. Risposi subito che le mie opinioni erano irrilevanti, che non ero io quello che aveva i soldi, ma solo un intermediario. Lui non sembrò crederci e continuò a parlarmi in modo personale, negando il fatto che avessi dei finanziatori alle spalle. Streicher entrò nella conversazione con un tono untuoso. Non sopportavo quell'uomo. Preferivo cento volte la brutalità di Goring, per quanto fosse sgradevole. Non riuscivamo a metterci d'accordo. Spiegai non so quante volte che non potevo cambiare nessuna delle circostanze, che avevo spedito il mio rapporto a New York il giorno stesso e che dovevo aspettare la decisione dei miei finanziatori. Alla fine Goring si infuriò e disse letteralmente: "È tutta una truffa. Non ti abbiamo chiamato. Prima ci fate penzolare davanti agli occhi un'enorme somma di denaro, poi, quando vi diciamo quanto ci serve, è troppo alta per voi e i signori non arrivano con la merce. Siete dei truffatori". Questa brutalità mi fece arrabbiare e indicai a Goring la porta. Se ne andò con Streicher senza salutare. Scrissi subito una breve lettera a Hitler, chiedendogli di trattare con me personalmente in futuro e di non inviare altri rappresentanti, soprattutto non Goring. Raccontai brevemente l'accaduto e aggiunsi che non volevo più avere nulla a che fare con Goring. Non so cosa sia successo tra Hitler e Goring, ma il giorno dopo ricevetti una breve lettera di Goring che si scusava e attribuiva il suo comportamento alla grande tensione che viveva nell'essere leader del partito insieme a Hitler.

Il giorno successivo, tuttavia, sono stati annunciati di nuovo due uomini. Gli americani commettono un grave errore in Europa. Ricevono chiunque dopo un semplice annuncio. In America non fa differenza, tutto si svolge rapidamente. Lì i discorsi superflui si fanno raramente nel mondo degli affari. Ho ricevuto i due uomini: von Heydt e una nuova figura. Introduzione: Gregor Strasser. Un tipo più raffinato di Goring, ma ugualmente brutale sotto una copertura di formalità. Von Heydt aprì la conversazione. Io lo ascoltai a malapena e lo interruppi. Tutti questi discorsi sui leader di partito non avevano senso in quel momento. Dovevo aspettare la decisione di New York. Se Herr Hitler voleva parlarmi, avrei discusso volentieri con lui e avrei cercato di chiarire la posizione dei miei sostenitori. Strasser intervenne. Condividevo il loro punto di vista? "Non ho alcun punto di vista in tutta questa situazione. Sto svolgendo un incarico. La risposta che mi hanno inviato è stata però lasciata in codice e, anche se l'ho trasmessa a Hitler, è possibile che io possa spiegare ulteriormente alcuni punti. È così che va interpretata la mia dichiarazione".

Strasser iniziò ad esporre la piattaforma del partito. Ho avuto l'impressione che il suo compito fosse principalmente quello di lavorare con i disoccupati. Rimproverò, senza essere crudo, i capi sindacali e i socialdemocratici. Elencava quaranta, cinquanta nomi uno dopo l'altro e indicava con sangue freddo il muro, dicendo a bassa voce: "Qui è dove si troveranno quei tipi con dieci tiratori scelti davanti a loro". Le parole più crude che usò furono mascalzone e cane, ma le pronunciò con la stessa calma di tutto il resto. Ne avevo abbastanza di queste chiacchiere e chiesi agli uomini di lasciarmi in pace, perché dovevo ancora scrivere alcune lettere. Strasser mi invitò a partecipare a una parata nazionalsocialista a Breitenbach la domenica successiva.

Uno spettacolo travolgente. Su un campo con ceppi d'albero nodosi stavano cinque Distaccamenti d'assalto in formazione, ascoltando il sacerdote che teneva la funzione da campo. Ho ricordato le seguenti frasi del sermone del sacerdote. Mi hanno dato una comprensione del nazionalsocialismo tedesco molto più chiara di tutte le parole di Hitler e dei suoi leader.

"Voi siete combattenti per Dio. Giorno dopo

giorno il sangue migliore sarà versato perché avete eroicamente messo le vostre vite come baluardi contro il bolscevismo, per salvare 2.000 anni di cultura cristiana dalla rovina. Voi, che avete iscritto l'aspra lotta per la natura e la razza tedesca sulla bandiera rossa del popolo con il suo campo bianco di purezza e lealtà e il segno runico della vittoria, state soddisfacendo la vostra coscienza e quella di Dio. Non lasciatevi fuorviare e non lasciatevi intimidire".

"Lo spirito di Cristo è spirito di conflitto, contro Satana e contro il suo inferno. Il nemico che Cristo voleva sconfiggere con la sua crocifissione aspira a risorgere proprio in questo momento, il nemico, l'eterno ebreo errante, ha deciso di vendicarsi. Cerca di distruggere la santità del matrimonio e di avvelenare di proposito la purezza dei costumi e l'anima del popolo. L'amore fraterno cristiano deve essere portato nella battaglia, perché è in gioco l'esistenza o la non esistenza del cristianesimo. Compagni, la nostra battaglia è una difesa vitale, il nostro nazionalismo è il salvatore del popolo e della patria. Non ascoltate i politici che definiscono il nostro nazionalismo fanatico come un misfatto, condannando tutti i nazionalismi. Il nostro nazionalismo è lo stesso di un pastore Wetterle, di un cardinale Mercier von Mecheln, di un cardinale Dubois a Palis, che con migliaia di loro sacerdoti infiammano il popolo francese ad un amore ardente per la patria e incoraggiano la resistenza per la vittoria con un entusiasmo incandescente. Ciò che va bene per i francesi e i belgi va bene anche per noi tedeschi. Nel mondo in fiamme del 1914 il nemico si trovava ai confini della Germania, oggi il nemico riposa nel cuore del nostro Paese, soggiogando il nostro popolo e rendendolo schiavo. Nell'agosto 1914 milioni di persone, benedette dalla Chiesa e protette dalle sue preghiere, si recarono sui campi di battaglia assassini per salvare il popolo e la patria. Ciò che allora era permesso, persino richiesto ai nostri sacerdoti, oggi dovrebbe essere proibito come un cattivo insegnamento? ... Compagni, questa è una menzogna. Perciò vi dico che essere nazionalsocialista significa essere un combattente per un popolo che è pronto a difendere le sue credenze religiose, la sua purezza di costumi e il suo onore fino all'ultimo respiro. Siete una provvidenza di Dio, perché volete bandire gli inferi con il loro veleno mortale del dissenso. La benedizione di Dio riposa sulla vostra battaglia. E ora togliamoci l'elmetto. Pieghiamo le mani e cantiamo, come facevano i Geusen olandesi prima dell'ultima battaglia decisiva, in modo che risuoni mille volte in tutta la terra: Signore rendici liberi...".

La preghiera di ringraziamento è finita. Il servizio al campo è terminato. I comandi acuti risuonano in tutto il campo. Le file marroni si allineano per marciare.

Due poliziotti in uniforme verde osservano con interesse i distaccamenti d'assalto. La polizia è tutta al suo posto. Hanno avuto l'ordine preciso di sorvegliare tutti i movimenti dei Distaccamenti d'assalto in tutta la Germania, specialmente in

Prussia. Il Segretario degli Interni Severing ha parlato la settimana scorsa al Reichstag di questi pericolosi preparativi per la presa di potere da parte dell'NSDAP[4] . Tre giorni dopo ricevetti un cablogramma da New York: "Rapporto ricevuto. Pronti a consegnare dieci, massimo quindici milioni di dollari. Avvisare l'uomo della necessità di aggressione contro il pericolo straniero".

Scrissi di nuovo a Hitler per organizzare un incontro. Gli dissi che avevo ricevuto notizie da New York e che preferivo informarlo personalmente del loro contenuto. La sera stessa von Heydt, accompagnato da Strasser, mi fece visita. "Il Fuhrer è sovraccarico di lavoro. Su consiglio dei suoi medici, deve riposare almeno due settimane". Avevano pieni poteri per agire in suo nome, e ne avevano le prove. Con riluttanza descrissi il contenuto del telegramma da New York.

Von Heydtsaid: "Quindici milioni di dollari" - scelse subito il massimo - "non sono molti per i nostri piani massicci, ma so che il Fuhrer li accetterà. Ora non si può parlare di rivoluzione. Non è così facile come immaginano Goring e gli altri. Io stesso andrei volentieri sulle barricate. Ne ho abbastanza di queste condizioni. Ma non possiamo metterci in testa idee sciocche. Saremmo abbattuti prima di sapere cosa è successo. Sarebbe

---

[4] Partito Nazionalsocialista.

irresponsabile nei confronti del nostro Fuhrer. Ora dobbiamo andare da Hitler con proposte per organizzarci in modo più efficiente e per formare il nostro popolo. Fare una rivoluzione ora dimostrerebbe una mancanza di spirito militare e cameratesco, provocare sacrifici è un'idea comunista. Non avremo nulla a che fare con questo. Mandare i distaccamenti d'assalto sulle barricate ora significherebbe distruggere il nostro movimento, versare sangue, sangue prezioso per niente, e la bandiera del caos e della disperazione, la bandiera del bolscevismo, sarebbe piantata sui nostri corpi morti. Nelle ultime settimane abbiamo avuto un afflusso di nuovi elementi nel nostro partito che sono ancora più difficili da gestire, provengono da altri partiti e hanno altri punti di vista, e devono adattarsi al nostro mondo".

Von Heydt, come tutti gli altri leader del partito nazionalsocialista che ho conosciuto, sembrava posseduto dalla mania di trasmettere, a torto o a ragione, la piattaforma e le tattiche del partito come se fosse a un comizio politico.

Strasser mi chiese quando pensavo che i quindici milioni di dollari potessero essere versati alla Germania. Risposi che era una questione di pochi giorni, non appena avessi saputo che Hitler era d'accordo con l'importo stabilito, ma che avrei preso le misure necessarie per consegnare la somma all'Europa solo dopo averne discusso con Hitler. Von Heydt mi spiegò che questo era temporaneamente impossibile perché Hitler doveva riposare. Aspettare il suo ritorno avrebbe significato un grande ritardo. Se avessi insistito, domani o dopodomani si sarebbe potuta organizzare una riunione di tutti i leader del partito e avrei potuto riferire in quella sede ciò che volevo dire a Hitler personalmente. Tuttavia, mantenni la mia richiesta e dissi infine che non avrei fatto nulla finché non avessi parlato personalmente con Hitler.

Il giorno dopo, a mezzogiorno, fui chiamato per il pranzo in albergo. Un autista mi aspettava nella hall e mi consegnò una lettera. Era scritta a mano da Hitler e mi chiedeva di recarmi a casa sua con l'automobile che mi aspettava. Un quarto d'ora dopo mi sedetti nella sua stanza sulla Fasanenstrasse. Non notai in lui né stanchezza né malattia, ma non dissi nulla del suo stato di salute, limitandomi a eseguire direttamente il mio incarico. Hitler si alzò e mentre camminava su e giù per la stanza gridò: "Quindici milioni di dollari, cioè circa sessanta milioni di marchi. Quanto tempo ci vorrà prima che arrivino? È troppo poco per affrontare davvero il problema. Voi americani non conoscete i nostri piani".

Gli feci notare che il massimo era di quindici milioni di dollari, e dalla copia del cablogramma che gli mostrai poté capire che erano stati offerti dieci milioni e un massimo di quindici milioni. All'inizio ascoltò con attenzione. Colsi l'occasione per fare riferimento alla necessità di un atteggiamento aggressivo nei confronti dei Paesi stranieri, come indicato nel cablogramma. Presumibilmente l'America aveva l'impressione che le sue azioni in altre parti d'Europa non avessero avuto effetto. Non volevo andare oltre. Forse avrebbe capito cosa intendevano i miei finanziatori. Ma Hitler ricominciò a strillare. "Credi che io possa fare miracoli qui con il nostro popolo? Avete idea dell'apatia dei tedeschi? Questo "branco di ebrei" ha imposto uno spirito di truffa, di acquisiti, di internazionalismo e di pacifismo. Giorno dopo giorno dobbiamo combatterlo: prima dobbiamo insegnare al popolo il coraggio, poi potremo fare qualcosa".

"In Germania non c'è disciplina e dobbiamo ricominciare dall'inizio. Aspettiamo di aver finito senza lavorare sul popolo tedesco, poi potremo pensare alla politica estera". Leggete la nostra piattaforma. Non ci allontaneremo di un centimetro. Leggete i punti da 1 a 7. Punto 1. Creazione di uno Stato nazionale unificato, che comprenda tutti i cittadini di origine tedesca. La spiegazione di questo punto è: non rinunceremo a un solo tedesco nei Sudentenland, in Alsazia-Lorena, in Polonia, nella colonia austriaca della Società delle Nazioni e negli Stati successori della vecchia Austria. Leggete la spiegazione al punto 2: non vogliamo il servilismo di Erzberg e Stresemann nei confronti delle potenze straniere; presto si vedrà che le potenze straniere avranno molta più considerazione e rispetto per una forte rappresentanza degli interessi tedeschi. Il risultato della nostra nuova posizione sarà la considerazione e l'attenzione ai desideri tedeschi in territorio straniero e internazionale, invece di calci e botte. Il punto 3 dice: rimozione degli ebrei e di tutti i non tedeschi da tutte le posizioni di responsabilità nella vita pubblica. E il punto 4? L'immigrazione di ebrei orientali e di altri stranieri inferiori non sarà più consentita. Gli stranieri e gli ebrei indesiderati saranno allontanati dal Paese. Rileggete il punto 6: chi non è tedesco può vivere nello Stato tedesco solo come ospite ed è soggetto alle leggi sugli stranieri. Punto 7: i diritti e gli interessi dei tedeschi prevalgono sui diritti e gli interessi dei cittadini stranieri. Soprattutto abbiamo come obiettivo la rinascita della Germania nello spirito tedesco per la libertà tedesca. Cosa si può volere di più? Ci atterremo a questo programma e lo realizzeremo fino all'ultima lettera. So che per questo motivo avrò sul collo Francia, Polonia, Cecoslovacchia, forse anche Prussia, Italia e Ungheria. A questo punto è irrilevante. Ce ne occuperemo quando il nostro popolo sarà pronto ad affrontare le conseguenze della politica tedesca nell'interesse del popolo tedesco, senza riserve. Il popolo si è imbastardito e i costumi stranieri devono essere scacciati". Hitler si sedette di nuovo e rifletté. Poi parlò con più calma.

"Bene, prenderò i quindici milioni. Porteremo avanti il nostro programma, ma la nostra tattica cambierà. Sceglierò la via lenta, quella dell'acquisizione legale, ma avremo successo". Il Presidente Hindenburg sta già cambiando. Avrò finito quando avrò tolto di mezzo la cricca aristocratica che lo circonda. Suo figlio non mi considera e incita suo padre contro di me. Il

Presidente è un uomo anziano. Si lascia influenzare dagli altri. Datemi solo i quindici milioni. Von Heydt prenderà accordi con lei su come ricevere il denaro".

Spiegai inoltre che era possibile che i miei finanziatori inviassero i quindici milioni in due rate, una di dieci milioni e successivamente una di cinque milioni, e che avrebbero atteso informazioni da me prima di fare qualsiasi cosa. Mi riferii ancora una volta al significato delle condizioni contenute nel telegramma di Carter: una politica estera vigorosa. Questa volta non ha pronunciato le frasi standard sulla sua piattaforma, ma ha detto direttamente e tranquillamente: "Lasciate fare a me. Ciò che ho già realizzato è la prova di ciò che potrò fare in futuro".

La conversazione era giunta al termine, cosa che mi fece molto piacere, una conversazione con Hitler è una cosa estenuante. Urla e inveisce contro di te. Evidentemente è talmente abituato a parlare alle assemblee nazionali, che non riesce a portare avanti una conversazione normale e tranquilla.

Lo stesso giorno inviai a New York un rapporto dettagliato della mia conversazione con Hitler, facendo riferimento per il momento solo ai suoi piani di politica estera e alla sua ferma promessa di non allontanarsi di un centimetro dal suo programma di partito. Non pensavo che questo sarebbe stato sufficiente a soddisfare Carter e i suoi colleghi riguardo a una politica estera aggressiva da parte dei nazionalsocialisti, e pensavo che l'accordo sarebbe stato chiuso.

Tre giorni dopo ricevetti da Carter una risposta che contraddiceva la mia opinione. Quindici milioni di dollari sarebbero stati consegnati alla mia prima richiesta a una banca europea da me indicata. Diedi subito questa risposta a Hitler. Von Heydt mi cercò e mi chiese di trasferire immediatamente il denaro in Europa nel modo seguente: Cinque milioni di dollari a mio nome alla Mendelsohn & Co. di Amsterdam, cinque milioni alla Rotterdamsche Bankvereinigung di Rotterdam e cinque milioni alla Banca Italiana di Roma.

Mi recai in questi tre luoghi con von Heydt, Gregor Strasser e Goring, per depositare le somme. Un numero enorme di assegni doveva essere intestato a molti nomi diversi in luoghi grandi e piccoli della Germania. I leader nazionalsocialisti avevano con sé lunghe liste di nomi. A Roma fummo ricevuti nell'edificio principale della banca dal presidente-commissario e, mentre aspettavamo nel suo ufficio per cinque minuti, entrarono due fascisti le cui uniformi indicavano ovviamente alti gradi. Introduzione: Rossi e Balbo.

Goring aprì la conversazione. Parlava in italiano agli uomini. Non riuscivo a capire cosa si dicesse. Fummo invitati a cena a casa di Balbo. Ero l'unico a non indossare l'uniforme. I capi nazionalsocialisti indossavano le loro uniformi marroni e i fascisti quelle nere. Dopo la cena tutti ballarono in un'enorme sala, con le porte aperte che davano su un magnifico giardino. Le uniformi marroni erano preferite dalle signore. Un vecchio italiano, in camicia nera con molte decorazioni, si sedette accanto a me e guardò i ballerini. Cominciò a parlare in tedesco. "L'Italia non avrebbe mai dovuto rinunciare all'alleanza con la Germania. Allora saremmo stati in una posizione molto più forte contro la Francia. Ma i nostri amici tedeschi sono sulla strada giusta, e quando la rivoluzione diventerà realtà, torneranno i bei tempi andati. Non c'è combinazione migliore possibile: La cultura italiana e lo spirito tedesco si rinnoveranno e conquisteranno il mondo". Tre giorni dopo viaggiai sul Savoia da Genova a New York.

Carter convocò una riunione completa il giorno successivo al mio ritorno dall'Europa. Rockefeller mi chiese subito se pensavo che Hitler avrebbe osato uno scontro aperto con Hindenburg. Risposi che ritenevo Hitler capace di qualsiasi cosa se avesse favorito i suoi obiettivi. Inoltre, non era un sognatore ed era molto consapevole delle difficoltà che doveva affrontare, non avrebbe fatto esperimenti se non fosse stato sicuro del successo. Mi è stato chiesto di citare alla lettera quanto detto nei miei dialoghi con Hitler. Mi è stato anche chiesto di esprimere le mie impressioni sulle condizioni in Germania. Quando ho dato l'opinione del banchiere di Amburgo, Glean ha voluto sapere se le classi benestanti in Germania temevano le politiche finanziarie di Hitler e la sua "rottura dell'asservimento del capitale finanziario", come Hitler la chiamava. Risposi citando l'industriale berlinese e la sensazione del banchiere di Amburgo, secondo cui in ogni piattaforma politica si possono trovare punti che servono solo a compiacere le masse e che non saranno mai messi in pratica. Giunsi alla conclusione che le classi ricche tedesche (secondo i desideri di Hitler) non avrebbero preso sul serio questi aspetti del programma hitleriano. Carter osservò che gli importi richiesti da me erano assurdi e dimostravano chiaramente la scarsa conoscenza che Hitler aveva delle relazioni internazionali. Aggiunsi che secondo me questo non era solo il caso delle relazioni finanziarie, ma che ero rimasto stupito dalla sua ignoranza nel campo della politica internazionale. Nessuno sembrò trovarlo significativo - è piuttosto comune in America. Carter mi chiese cosa pensassi dei collaboratori di Hitler. Raccontai l'incidente con Goring. La cosa sembrò piacergli particolarmente e disse apertamente che un uomo del tipo di Goring sarebbe stato un partner adatto per un leader come Hitler.

Un anno dopo, a settembre, dopo che il 14 il Partito Nazionalsocialista tedesco aveva ricevuto 107 delegati al Reichstag, Carter mi scrisse una breve lettera, ricordando i miei due viaggi in Germania e le conversazioni che avevo avuto con Hitler. Mi chiese se ero disposto a recarmi di nuovo in Germania per avere un incontro con il Fuhrer nel caso fosse stato necessario. Dopo la mia ultima visita in Germania avevo ricevuto regolarmente lettere da von Heydt, Strasser e Goring, oltre a numerose spedizioni di libri, opuscoli e quotidiani.

Ormai conoscevo bene il nazionalsocialismo e la persona di Hitler non era più così misteriosa per me, grazie ai miei contatti con lui, come lo era per altri nei nostri circoli. Rivedere queste persone in Europa non era una prospettiva molto piacevole. Né le persone né la loro letteratura o propaganda mi attraevano molto. Forse le mie origini tedesche sono svanite nella routine della vita americana. Mio nonno è venuto in America novant'anni fa, mio padre è nato lì, mia madre è americana pura. Forse per questo motivo non potevo sopportare l'arroganza gonfiata del popolo tedesco, che era la chiave dell'intero programma di Hitler, e il suo lavoro e i suoi obiettivi mi erano completamente estranei. In effetti, ero personalmente giunto alla conclusione che i miei amici erano sulla strada sbagliata, che la politica estera aggressiva di Hitler poteva sì rendere la Francia più flessibile e collaborativa, ma era anche pericolosa per il mondo. Si sa sempre dove inizia un dittatore, ma nessuno sa mai dove finisce. Nel corso dell'anno avevo esposto a Glean il mio punto di vista, e lui aveva cercato di dissuadermi con l'informazione che Mussolini, un dittatore altrettanto violento di un grande Paese, si era calmato dopo aver provocato ansia nel mondo e soprattutto in Francia con la sua spocchia e le sue minacce, il che era molto buono secondo lui, ma quando il gioco si faceva duro, (Mussolini) si ritirava con calma. Non sarebbe stato diverso con Hitler, pensava. Non era certo nostra intenzione provocare una guerra tra Germania e Francia, ma solo minacciare il pericolo di una guerra, per far sì che la Francia collaborasse di più all'eventuale sostegno di Inghilterra e America negli affari finanziari internazionali.

Alla fine presi la mia decisione. Informai Carter che ero pronto a viaggiare di nuovo in Europa e ad affrontare Hitler non appena fosse stato necessario.

Nel vagone letto per Berlino ho trovato un'edizione di un quotidiano tedesco. Questo era l'articolo principale della prima pagina;

La gente si sta dirigendo in massa dal centro della città verso la Jahrhunderthalle e le piazze e gli edifici circostanti per l'assemblea sul piazzale della fiera. Autobus, camion, auto private e motociclette vengono parcheggiati nelle strade più vicine. Alla sinistra delle auto circolano tram stracolmi di persone e donne e uomini impazienti aspettano dalle tre con sedie pieghevoli e pacchi di cibo davanti all'ingresso dell'edificio. Alle cinque i ponti sull'Oder che portano alla fiera sono neri di persone e auto. Il traffico è strettamente controllato, ma le soste continuano. Grida di "Heil" continuano a risuonare quando i veicoli che trasportano i membri del partito e i distaccamenti d'assalto, cantando ed esponendo bandiere, arrivano ai luoghi di incontro. La polizia va in giro con borse da pranzo e bottiglie d'acqua. Si dice che le loro auto di servizio siano piene di mitragliatrici e bombe lacrimogene. I treni speciali si susseguono nelle stazioni. Felicità, entusiasmo, beatitudine su tutti i volti delle donne e degli uomini, degli operai, dei contadini, dei cittadini, dei funzionari, degli studenti e dei disoccupati, tutti presi dall'eccitazione che si aggiunge alla suspense interna della grande campagna elettorale. Giornata indimenticabile, meravigliosa. Hitler parlerà.

Per la prima volta

marceranno tutti i SA della provincia. Tra loro ci sono distaccamenti d'assalto che sono rimasti seduti in camion aperti per dieci ore o più prima di raggiungere il luogo dell'incontro. Le colonne delle SA vengono inondate di fiori, diventa una parata trionfale. Le braccia alzate si salutano continuamente. Heil SA, Heil... I tamburi rullano, i corni suonano.

Una folla di migliaia di persone si accalca nel gigantesco edificio di cemento della Jahrhunderthalle, l'enorme memoriale che ricorda per sempre al popolo prussiano i grandi giorni del 1813. Lunghi striscioni sono drappeggiati sui bastioni e sugli archi del secondo edificio a cupola più grande del mondo. Vi è scritto: "Non combattiamo per i mandati, ma per la nostra ideologia politica". "Il marxismo deve morire perché il socialismo possa vivere". Non c'è posto in questo mondo per un popolo codardo". "Attenzione, attenzione", suona l'altoparlante. "Tutti seduti, le SA stanno marciando".

E si avvicinano. L'enorme edificio trema. Si scatena un boato come un uragano, ventimila persone si alzano dai loro posti. Tra grida di gioia si alzano striscioni e bandiere, una delle quali coperta di nero. Una madre urla. Uno sconosciuto soldato d'assalto è morto da eroe per il suo popolo. Gli Stormtrooper entrano in marcia. Fuori si sente già cantare: "Siamo l'esercito della svastica". L'entusiasmo raggiunge il punto di ebollizione. Continuano ad arrivare altre colonne. Uomini che non conoscono altro che il dovere e la battaglia. Il pavimento trema sotto i piedi in marcia, sotto la forza e la disciplina dei battaglioni marroni.

"Attenzione, attenzione, Hitler è appena arrivato. Attenzione, attenzione". Eccitazione ovunque. "Heil, Heil". Arriva, migliaia di occhi cercano il Führer. Eccolo. Comandi precisi, un grido di gioia: "Adolf Hitler". Ora silenzio. Il Gauleiter si avvicina al microfono: "Miei cari compagni tedeschi", esordisce. Dopo alcune frasi taglienti chiude: "Il Fuhrer parlerà".

Di nuovo un gigantesco boato, poi le masse ascoltano. Adolf Hitler parla. Prima lentamente, con misura e freddezza. Il primo applauso. Hitler fa cenno di tacere. Continua a parlare con più convinzione, irresistibile, diventa fervente ed esigente, i non nazionalsocialisti sono colpiti. Quello che dice questo soldato di prima linea, tenente di prima classe Adolf Hitler, questo uomo del popolo, è tutto così semplice, così ordinario e così giusto, e tutto così vero, che i saputelli, vantando il loro sviluppo, e i razionali con le loro eterne lamentele pratiche, tacciono tutti. Seguono l'oratore con suspense. Hanno difficoltà a capire quest'uomo, che sono venuti a vedere per curiosità, ma lo applaudono.

Hitler indica il silenzio. "Chi ci appartiene sa che una svolta nella storia del nostro popolo non avviene ogni cinque o dieci anni, ma forse solo una volta in un secolo...". Ora grida forte: "Le piattaforme di partito non valgono nulla". Le persone che stanno ai margini, i delusi, quelli che sono stati traditi tante volte, ascoltano attentamente.

"Tredici anni fa eravamo un popolo distrutto, e una vita economica distrutta seguiva il popolo distrutto. Un tempo, cento anni fa, coloro che portarono nuova prosperità e felicità al popolo tedesco non furono coloro che pensarono solo alla vita economica, ma coloro che diedero sangue e beni per l'onore del popolo tedesco. Non può essere altrimenti. La vita economica tedesca non è stata spezzata, il popolo tedesco lo è...". Il soldato di prima linea Hitler non parla di piattaforme, ma di sacrificio, sottomissione e lavoro.

Ora la sua voce suona come un rullo di tamburi, ora parla della Germania, e come. I cuori si infiammano, che testimonianza, una volontà e una convinzione forti come la roccia. Hitler ama la Germania, ama e combatte solo per la Germania, sempre e solo per la Germania.

Gli occhi brillano, i volti sono risoluti. I dubbiosi diventano coraggiosi, gli increduli iniziano a sperare, gli indifferenti e gli apatici si uniscono a lui e i vecchi soldati sono ispirati a nuove azioni. Hitler li attira tutti nel cerchio della sua padronanza con la sua incandescente volontà di libertà. Un popolo asservito si sveglia, le distinzioni di classe cadono, non ci sono operai coscienti della classe e cittadini scontenti, no, ventimila compagni credono e gridano di gioia, credono nel Fuhrer e lo acclamano. -

Lessi tutto questo nel vagone letto durante il viaggio verso Berlino. Lessi anche che von Pfeiffer era stato licenziato da Hitler, che von Heydt si era dimesso dal partito e che Strasser era stato lasciato a bocca asciutta perché suo fratello aveva incitato all'ammutinamento tra i Distaccamenti Tempesta.

Sono quasi contento di aver accettato l'incarico di incontrare Hitler per la terza volta. In questo Paese stanno accadendo cose che conosciamo solo attraverso la lettura della storia passata. Pochissimi sono stati incaricati di essere lì, in mezzo alle cose, di parlare con il Fuhrer e di conoscere le sue motivazioni più segrete.

Una strana atmosfera aleggia su Berlino. Che sia la calma prima della tempesta? Non lo so. Nessuno parla di politica. Sono andato a trovare il vecchio amico a Wilmersdorf. La sua casa è abbandonata, questa volta posso dire che non c'era davvero. Ho una conversazione con il direttore di un grande magazzino. Non mi rivela nulla della situazione. A tutte le mie domande risponde solo che stanno arrivando tempi duri, e non ho potuto ottenere altro da lui. In diverse zone di Berlino la città ha un aspetto strano, poliziotti accanto a scorte di fucili e mitragliatrici. Camion aperti pieni di soldati della Reichswehr sfrecciano a velocità folle per le strade tranquille. Le brigate a motore sorvolano il Kurfurstendamm, le truppe armate si vedono ovunque intorno agli edifici governativi vicino al mio hotel. Poche uniformi marroni. Un fenomeno strano, a mio avviso. Dopotutto Hitler è stato accolto nel governo. I pochi giornali che osano sollevare la questione parlano di lui come del cancelliere del futuro, un futuro molto prossimo. Mi aspettavo altre dimostrazioni di forza da parte del partito hitleriano a Berlino. Non ho appreso nulla dai resoconti dei giornali. Molto si chiarì, invece, quando parlai con un addetto dell'ambasciata americana. Mi disse che Hitler aveva già messo le mani sulla stampa anche se non era ancora cancelliere, che i suoi distaccamenti d'assalto (SA) erano mobilitati per conquistare la città al primo segnale, che la comparsa della Reichswehr, anche se ufficiale, non significava nulla, poiché il governo non poteva usarla contro le truppe di Hitler, per quanto ne avesse bisogno, perché era inaffidabile e conteneva molti elementi nazionalsocialisti; che Hitler aveva aggiunto un nuovo gruppo di combattenti ai suoi distaccamenti d'assalto e alle truppe che lui stesso chiamava truppe assassine. Nessuno degli altri partiti politici ha protestato per questa denominazione brutale, che rappresenta una sfida alla civiltà. I socialdemocratici sono distrutti perché si rendono conto che tutti i loro anni di lavoro parlamentare non hanno portato a nulla, i comunisti hanno paura anche se sono stati loro a gridare più forte. Ieri la loro casa di Karl Liebknecht è stata presa di sorpresa e perquisita dalla cantina alla soffitta. Ufficialmente è stato fatto dalla polizia e dalla Reichswehr, ma il mio informatore ha osservato che le truppe assassine di Hitler hanno avuto un ruolo importante nella distruzione della casa di Karl Liebknecht. Molti leader comunisti sono già stati fatti prigionieri, la bandiera rossa è stata vietata, certamente solo temporaneamente, ma non apparirà prima delle elezioni. I socialdemocratici sono tiepidi nei loro manifesti e nei loro quotidiani. Tutti hanno la sensazione che non siano in grado di affrontare la situazione. Il popolo tedesco vuole essere impressionato, ha rispetto solo per chi parla con forza. I tedeschi sono solo bambini, ingenui. Non saranno mai attratti da un principio importante.

Per prima cosa ho ricevuto un breve riassunto della situazione politica. Il mio informatore azzardò persino una previsione. "Hitler non può più essere fermato", continuò. "Vedrai, la prossima settimana sarà Reichskanzler. Un von Papen non può contrastarlo, un von Schleicher ci ha provato con l'aiuto del giovane Hindenburg, ma non ci è riuscito. Hitler può diventare Reichsprasident se vuole. Si accontenterà della cancelleria solo temporaneamente. Ma Hindenburg è vecchio e potrebbe accadere qualcosa da un giorno all'altro, allora Hitler sarebbe un dittatore completo senza nemmeno l'apparenza di un capo costituzionale. Con quest'uomo tutto è possibile. Ho parlato con lui alcune volte e ho ascoltato i suoi discorsi, e fa quello che vuole con il suo pubblico. Non li lascia pensare, si limita a urlare e a gridare in modo che non possano più resistergli. Quando l'ho ascoltato ho sempre avuto la sensazione di dover lottare contro il potere della sua suggestione, per evitare di assecondarlo al cento per cento. Quando poi ti chiedi cosa ti ha detto, non riesci a ricordarlo. Cosa pensa del nazionalsocialismo?".

Non volevo dargli una risposta, soprattutto non una risposta completa. "Dovremmo aspettare", dissi, "noi americani alla fine non abbiamo nulla a che fare con questo. Se il popolo tedesco vuole pensare a Hitler come al suo salvatore, è un suo privilegio, non sono affari nostri".

Il mio confidente la pensava diversamente e cercò di dimostrarmi che Hitler era un pericolo per l'Europa proprio come Mussolini, e che il pericolo italiano sarebbe stato rafforzato dall'estensione del potere dei nazionalsocialisti in Germania e da una dittatura hitleriana.

La sera stessa scrissi al vecchio indirizzo di Hitler a Berlino, dicendo che ero arrivato e chiedendo un incontro. Quella notte l'edificio del Reichstag bruciò. Goring si presentò al mio albergo a mezzogiorno, più brutale di prima, arrogante e autoritario. Era accompagnato da un nuovo arrivato, che mi presentò come Goebbels. Entrambi erano pieni di ardore. Imprecarono contro i comunisti che avevano dato fuoco all'edificio e cercarono di convincermi a credere nel loro sacrosanto diritto di spazzare via i comunisti fino all'ultimo uomo. Seguii la stessa tattica di prima e non espressi alcuna opinione. Risposero solo alla mia domanda su dove e quando avrei potuto parlare con Hitler dopo aver finito di infierire. Il Fuhrer mi avrebbe ricevuto la sera alle undici e mezza nella Fasanenstrasse. Goring sarebbe venuto a prendermi in automobile.

Hitler era molto turbato. Essere semplicemente turbato, per lui, significava isteria per qualcun altro. Era sempre arrabbiato, nel vero senso della parola. Il suo saluto era a malapena educato. Inveiva contro i comunisti che avevano incendiato il Reichstag, accusava i socialdemocratici di averci messo lo zampino, invocava il popolo tedesco come se ne avesse migliaia davanti a sé. Non posso riprodurre qui l'intero monologo farneticante perché non ne ho conservato quasi nulla. Non aveva alcuna coerenza. Andò avanti per una mezz'ora intera prima di sedersi al tavolo e iniziare una discussione più o meno controllata con me, continuamente interrotta da accuse e rabbia nei confronti dei comunisti.

Non avevo idea del motivo per cui mi trovavo lì da Hitler. La situazione era questa. Carter aveva ricevuto una lettera da Hitler che gli chiedeva di inviare immediatamente il suo ex intermediario in Germania per un incontro. Carter mi aveva mostrato la lettera e, dopo la mia accettazione qualche mese fa, mi aveva chiesto di andare immediatamente a Berlino. Ora ero seduto di fronte a Hitler, ma non avevo idea di cosa mi avrebbe chiesto o detto.

Aspettai con calma.

"Vorrei informarvi dei progressi nelle nostre file. Dal 1931 il nostro partito è triplicato. Ci sono distaccamenti in cui il numero dei disoccupati supera di gran lunga quello degli occupati. Le varie campagne elettorali hanno assorbito i nostri fondi. Ora che siamo sull'orlo della vittoria elettorale, ho dovuto ripulire il partito. Alcuni elementi, anche in posizioni di rilievo, erano inaffidabili. Ma ora è tutto finito. Ora ci preoccupiamo di avere successo nel nostro ultimo passo. I comunisti hanno giocato la loro ultima carta con l'incendio del Reichstag. I socialdemocratici sono stati più difficili da sconfiggere nel nostro ultimo assalto. Inoltre, non possiamo dimenticare i nazionalisti tedeschi, che hanno i soldi. Non possiamo entrare a Berlino con le nostre truppe perché, sebbene ci sentiamo sicuri della Reichswehr, non siamo certi della popolazione in generale, soprattutto nel nord e nel quartiere ebraico. Abbiamo tracciato un anello intorno a Berlino e vi ho concentrato tre quarti delle truppe del nostro partito. Ancora pochi giorni e arriverà il grande giorno, il giorno delle elezioni. Dobbiamo vincere quest'ultima iniziativa. O con le elezioni o con la forza. Nel caso in cui l'esito delle elezioni non fosse favorevole, il mio piano è definito: arrestare Hindenburg, suo figlio, von Schleicher, von Papen e Bruning e tenerli prigionieri. Faremo prigionieri anche i leader socialdemocratici. Tutto è stato calcolato nei minimi dettagli. Ma metà dei nostri distaccamenti d'assalto hanno solo mazze da baseball e le truppe hanno carabine antiquate.

Vicino al confine tedesco, in Belgio, Olanda e Austria, ci sono enormi scorte di armi. I contrabbandieri non fanno credito. Chiedono prezzi scandalosi. Naturalmente sono consapevoli di ciò che sta accadendo qui e sono preparati ad ogni evenienza. Non si può negoziare con loro. Vogliono denaro contante, nient'altro".

"Pensavo che sareste arrivati prima a Berlino, così avrei potuto calcolare tutto con precisione. Ora, all'ultimo momento, dobbiamo agire rapidamente. Le lunghe discussioni non serviranno. Cosa pensa che faranno i suoi finanziatori? I nostri soldi sono finiti. Continuerete a sostenerci o no? Non dimenticate che stiamo combattendo contro Mosca, contro l'intera industria pesante tedesca, contro la Chiesa cattolica e contro l'Internazionale. Non sono nemici da sottovalutare. I fondi del nostro partito sono aumentati a malapena, anche se ho aumentato la quota associativa a due marchi e le quote sociali a un marco. Ci sono troppi disoccupati che manteniamo gratuitamente e ai quali dobbiamo fornire uniformi e armi. Le cose vanno meglio nelle zone pianeggianti, dove la nostra gente ha carabine e fucili da caccia. Nelle città è più difficile. Cosa ne pensate? Quanto ci darà la tua gente?". Non potevo rispondere. Soprattutto perché non ero preparato a questa domanda e non ne avevo parlato con Carter prima della mia partenza.

"Non ho fatto calcoli, non abbiamo avuto tempo e non mi fido più dei miei colleghi, se non per poche eccezioni. Il nostro partito è cresciuto così tanto in così poco tempo che è diventato sempre più difficile per me mantenere la leadership completamente nelle mie mani. Questo è assolutamente necessario, perché i leader affidabili sono molto rari. I monarchici cominciano a passare dalla nostra parte. Ogni giorno i membri dello Stahlhelm si uniscono, a volte in massa, e noi non possiamo fare altro che accoglierli, ma dobbiamo controllare molto severamente i leader che li accompagnano. Non mi fido di nessuno in questi giorni, ho finalmente avuto un contatto personale con Hindenburg. La conversazione è stata tutt'altro che piacevole, il vecchio era molto riservato, ma ho fatto finta di non accorgermene. Ho tempo. Saprà presto con chi ha a che fare. Quando arriverà il giorno, o starà al gioco o sparirà. Io non scendo a compromessi. Lei non è ebreo, vero? No, ricordo che il suo nome è tedesco, sì, di origine tedesca. È meglio per lei viaggiare in Germania con un lasciapassare tedesco. Se ne occuperà Goebbels. Lei lo conosce, sicuramente. Lui, insieme a Goring, è uno dei miei migliori partner. Von Heydt non è più con noi, lo sai. E nemmeno von Pfeiffer. Gli Strasser sono ridicoli. Un ammutinamento nelle SA contro di me, una riunione di tutti i Gauleiter e l'incidente era finito. La forza, l'azione rapida, l'audacia sono tutto. Invece di agire rapidamente e senza aspettare, gli Strasser e i loro uomini hanno preparato e cospirato in segreto, e io sono stato informato di tutte le loro attività quando sono intervenuto all'ultimo momento. Sono fratelli deboli, eccessivamente politicizzati, con modi che hanno preso dalla marmaglia rossa. Cosa dicono in America dell'incendio del Reichstag?". Evidentemente aveva dimenticato che io ero già qui quando l'edificio bruciò. "Ma noi sappiamo chi sono i colpevoli. Possiamo dimostrare tutto. Il comunista ha appiccato il fuoco, ma dietro di lui ci sono sia comunisti che socialdemocratici. Se ne pentiranno...". Hitler aveva lentamente ripreso un'indole spaventosa e ora camminava su e giù per la stanza. Improvvisamente corse alla porta, la spalancò e guardò nel corridoio. Cominciò a inveire e a imprecare contro qualcuno che doveva essere in piedi sul gradino. Ma io non vedevo nessuno. Non so cosa volesse fare con le sue urla. Dapprima pensai che volesse evitare che qualcuno nel corridoio sentisse la nostra discussione. Ma non era così, perché quando entrò di nuovo nella stanza continuò a inveire contro la persona invisibile per qualcosa che non era chiaro. Forse si trattava della lunga attesa per dettagli non importanti, o della sua incapacità di fidarsi dei suoi subordinati.

Si sedette di nuovo e mi disse: "Non hai ancora parlato della somma di denaro". Ci sono momenti in cui Hitler dava l'impressione di essere un uomo malato. Era sempre impossibile portare avanti una conversazione normale con lui. A volte i suoi salti dalla A alla Z erano un tale ostacolo e una tale stupidità che il suo equilibrio mentale era dubbio. Credo che abbia una natura ipernervosa. Negli ultimi anni la sua mente è stata occupata da un'unica idea. Ha vissuto in costante tensione. Molti sarebbero crollati, ma Hitler sembra avere una natura incredibilmente forte. Non credo, però, che abbia una grande capacità di comprensione. Quando cerco di riassumere tutte le conversazioni che ho avuto con lui, arrivo alla conclusione che non è intelligente, ma insolitamente egocentrico e tenace. Questa è, credo, la sua forza. Tutti noi possiamo riconoscere nei nostri ambienti una persona di questo tipo, che, spesso stupida e poco sviluppata, sacrifica tutto per un'idea o un possesso, e per questo vince o muore. È così che vedo Hitler. Se sarà una benedizione o una maledizione per un popolo come quello tedesco, lo dirà solo il futuro, ma credo che il popolo tedesco sia l'unico al mondo a tollerare un uomo con un'influenza così massiccia. Ci sono così tanti punti deboli nella sua persona e nel suo comportamento che l'uomo stesso e il suo partito sarebbero stati a lungo derisi e ridicolizzati in altri Paesi. Conoscendo l'uomo dopo varie conversazioni che ho avuto con lui, ora capisco anche perché non può più essere tollerato dopo la sua vittoria finale, né dai tedeschi né dai giornalisti stranieri. È in realtà un pericolo per se stesso e per il suo partito perché non riesce a controllarsi, rivela tutto, blatera dei suoi piani senza la minima esitazione. Questo mi aveva colpito già durante la nostra prima conversazione. Certo, avevo avuto le più solide referenze, la mia identità era sicura, lui poteva capire da ogni dettaglio che aveva a che fare con qualcuno che rappresentava il più forte gruppo finanziario del mondo, ma per me non era una prova della sua abilità di statista e del suo intuito politico essere informato in modo così diretto delle sue intenzioni più segrete.

Nel 1933 questo era certamente meno pericoloso del 1929 o del 1931. Ma in entrambi gli anni fu altrettanto franco con me come nel 1933. Inoltre, non riusciva a staccarsi dal problema degli ebrei. Era la questione centrale per lui, il problema di maggiore importanza per il popolo tedesco. Le sue idee su questo argomento sarebbero considerate ridicole da uno studente americano di scuola superiore. Egli nega assolutamente ogni fatto storico e credo che non sappia nulla del moderno concetto di "razza".

Dopo la sua domanda, o in realtà il suo rimprovero: "Non avete menzionato nessuna somma di denaro", iniziò a parlare del problema ebraico e, per Dio, iniziò a paragonare il problema tedesco con il problema dei negri in America. Questo mi è bastato per farmi un'idea della comprensione e dell'intuizione di Hitler. I due problemi non sono assolutamente paragonabili. Vi risparmierò questi suoi paragoni senza senso.

Erano già le tre del mattino e non sapevo ancora cosa volesse da me. Così approfittai di una piccola pausa nel suo discorso incoerente per chiederglielo: "Ha parlato di una somma di denaro?".

"Sì, questo è il problema. Non abbiamo più molto tempo. La situazione è questa. I vostri finanziatori sono disposti a continuare a sostenerci? Che cifra potete ottenere per me? Ho bisogno di almeno cento milioni di marchi per occuparmi di tutto e per non perdere l'occasione della vittoria finale. Cosa ne pensate?".

Cercai di far capire che non si poteva parlare di una tale somma, prima di tutto perché aveva già ricevuto venticinque milioni e poi perché il trasferimento di una somma così grande in pochi giorni da New York all'Europa avrebbe certamente turbato il mercato azionario. Hitler non lo capì e lo disse direttamente. Non aveva dimestichezza con i dettagli bancari così complicati. "Se avete il denaro in America, allora certamente può essere consegnato alla Germania. Per via telegrafica o altro, mi sembra molto semplice". Non c'era speranza ed era un vero spreco di fiato illuminarlo sulla finanza internazionale. Conclusi promettendo di riferire la nostra conversazione ai miei finanziatori e di aspettare di vedere quale sarebbe stata la loro decisione.

"Telegraferai, vero? Lo faccia qui, così il suo telegramma sarà trattato più rapidamente. Codice? Possiamo anche aiutarla, io telefonerò per lei". A questo punto dovetti spiegare che corrispondevo con Carter in un codice segreto e lui pretese di sapere se nessuno poteva leggere questo cablogramma, nemmeno i direttori della compagnia telegrafica. Era stupito e pensava che fosse grave che dei privati potessero telegrafare tra loro senza che i governi dei diversi Paesi fossero in grado di decifrare i loro rapporti. Ammise di non aver mai sentito parlare di una cosa del genere. Erano circa le quattro e mezza quando tornai in albergo e cominciai subito a costruire il mio telegramma in codice per Carter.

Era molto strano leggere la stampa tedesca in quei giorni. Certo, si diceva che i settimanali socialdemocratici e comunisti erano ancora disponibili, ma il ragazzo dell'albergo che avevo mandato a prenderli continuava a tornare con i noti giornali di Berlino. L'incendio dell'edificio del Reichstag era ritenuto senza eccezioni un misfatto dei comunisti. Non sono mai riuscito a conoscere altre opinioni, anche se erano disponibili. Ho letto altre spiegazioni in America e altrove, ma se è vero che il partito hitleriano ha avuto un ruolo nell'incendio, allora Hitler è il miglior attore che ho incontrato nei cinque continenti.

Goring e Goebbels sono quasi altrettanto bravi. La sua rabbia, la sua frenesia per il rogo erano del tutto genuine o incredibilmente ben messe in scena, e ancora oggi, solo pensando a quella conversazione, riesco a sentire l'influenza di quei sentimenti selvaggi. In quei giorni ho notato un'altra cosa strana di Berlino. Agli angoli delle strade e nelle piazze vedevo spesso dieci o venti uniformi marroni con la svastica in piedi in cerchio. Per un quarto d'ora gridavano: "Via il letame! Votate nazionalsocialista!". Poi camminavano, formavano un altro cerchio e gridavano: "L'ultimo uovo che gli ebrei hanno deposto è il partito dello Stato tedesco!". A mezzogiorno ho visto dalla finestra del mio albergo quaranta uniformi marroni in piedi in cerchio, che per mezz'ora hanno gridato a ritmo costante:

Proletario, svegliati!
Se lottare per la libertà del lavoro tedesco
È quello che vuoi,
Se il pane per moglie e figlio
È quello che vuoi,
Allora difenditi, difenditi
Lavorare con la mente e con il pugno
Lista di voto 9.

Ho sempre pensato a Hitler quando ho visto queste persone. A Berlino li chiamavano "cori parlanti" della propaganda.

Tutto Hitler. Frasi brevi. Parlare, urlare, gridare, senza che nessuno protestasse. Nessuno riusciva a dire una parola. Certamente un nuovo metodo di propaganda. Qui da noi hanno scoperto nuovi metodi nel campo della propaganda elettorale, ma non ho mai visto niente di così suggestivo, niente che abbia un tale effetto sulle masse, e il primo partito che lo usa ottiene naturalmente il controllo delle strade, perché anche se un altro partito tiene un coro di parole nella stessa area, si verifica un tafferuglio - non può essere altrimenti.

Il ritmo e la ripetizione costante delle stesse parole mettono gli oratori in una sorta di estasi, e in questa estasi sono capaci di tutto. Ho visto queste persone brune, come guardano in alto sopra le teste delle folle, come se vedessero un mondo migliore e si rallegrassero di questa immagine. L'estasi si leggeva sui loro volti. Una persona può ancora pensare logicamente in estasi? Sono gli psicologi a chiederselo. Ieri ho letto da qualche parte in una tesi di laurea che il fascismo e il nazionalsocialismo erano una malattia, forse una malattia dell'anima. Ma sto solo divagando.

Carter mi ha scritto che poteva dare al massimo sette milioni di dollari, il che significa che cinque milioni sarebbero stati girati da New York all'Europa alle banche indicate e due milioni sarebbero stati pagati personalmente a me in Germania dalla Rhenania Joint Stock Co. Rhenania è la filiale tedesca della Royal Dutch di Dusseldorf. Inviai questa risposta a Hitler e attesi. Il giorno dopo Goebbels si fece annunciare la mattina molto presto. Mi portò nella Fasanenstrasse.

Hitler mi ricevette nella stessa stanza, Goring era con lui. La conversazione fu molto breve. Quasi brusca. Ebbi l'impressione che i tre uomini non fossero soddisfatti delle clausole e che dovessero sforzarsi di non scagliarsi contro di me. Tuttavia, tutto andò bene. Hitler mi chiese di firmare nuovamente i cinque milioni di dollari alla Banca Italiana a Roma, e Goring mi avrebbe accompagnato. I due milioni dovevano essere trasferiti con quindici assegni di pari valore, in moneta tedesca, tutti intestati a Goebbels. L'incontro si concluse. Me ne andai.

Ho portato a termine il mio incarico con rigore fino all'ultimo dettaglio. Hitler è il dittatore del più grande paese europeo. Il mondo lo ha osservato all'opera per diversi mesi. La mia opinione su di lui non significa nulla ora. Le sue azioni dimostreranno se è cattivo, e io credo che lo sia. Per il bene del popolo tedesco spero in cuor mio di sbagliarmi.

Il mondo continua a soffrire sotto un sistema che deve piegarsi a un Hitler per mantenersi in piedi.

Povero mondo, povera umanità!

Per una traduzione fedele all'originale, Zurigo, 11 febbraio 1947

Rene Sonderegger

Epilogo

Il rapporto precedente è apparso nel periodo successivo alla data dell'Avanti, dopo l'ottobre 1933 (come traduzione olandese dell'originale inglese) sotto forma di un libro di novantanove pagine pubblicato da una vecchia e rispettata ditta di Amsterdam, ancora esistente. Questo libro, tuttavia, non raggiunse un vasto pubblico, poiché dopo poco tempo scomparve per sempre dal mercato librario, se mai fosse stato in vendita pubblicamente. Solo alcune copie isolate sembrano essere giunte nelle mani di una terza persona. L'esistenza del libro non è contestata. Ciò che viene contestato è la sua autenticità. Lo studio spiega che questo libro rappresenta un'enorme falsificazione, o contraffazione:

Il traduttore, Schoup, ci ha consegnato una lettera originale di Warburg, quindi abbiamo creduto che il libro e il suo autore fossero autentici. Dopo l'uscita del libro abbiamo appreso da varie fonti che un certo Sidney Warburg, della casa Warburg di New York, non esisteva e che il libro era un enorme inganno. Abbiamo immediatamente ritirato tutte le copie dai rivenditori di libri e distrutto l'intera edizione. Non sappiamo se Schoup sia ancora vivo: purtroppo non è mai stato perseguito.

Il testo tedesco che precede è l'esatta traduzione parola per parola dell'edizione olandese del libro.

Oggi, alla fine del 1946, tredici anni dopo il 1933, dopo la seconda guerra mondiale e la caduta del Terzo Reich, dopo la completa sottomissione del popolo tedesco e dopo i processi di Nurnberg contro i più alti dirigenti nazisti sopravvissuti, e di fronte alla minaccia della terza guerra mondiale, ci sentiamo obbligati a rendere pubblico questo testo, inedito e non tagliato, per dare spazio a un'analisi esatta del suo contenuto e della sua origine.

È possibile che questo rapporto sia falsificato e che il suo contenuto sia sostanzialmente falso. È possibile che il rapporto sia falso, ma che il suo contenuto sia sostanzialmente vero. È possibile che il rapporto presenti un misto di finzione e verità. Ma è altrettanto possibile che il rapporto sia autentico, o che sia sostanzialmente autentico, ma che contenga diversi inganni che testimoniano contro la sua autenticità. Tutto è possibile. È importante stabilire la verità sui contenuti e sull'origine.

Poniamo la questione della veridicità del rapporto. Quali sono le prove che si tratta di un falso, cioè che il suo contenuto è sostanzialmente falso? Se è falso, nell'interesse di chi e da chi è stato creato questo falso? Si può dimostrare che il contenuto del rapporto è sostanzialmente autentico, quindi vero? Si può accertare cosa c'è di vero e cosa di falso in esso?

In ogni caso si può stabilire che il rapporto può essere autentico e veritiero, che la sua autenticità e accuratezza non possono essere immediatamente contestate. Questa prova sarà dimostrata dai seguenti fatti a nostra disposizione. Il rapporto cita molti eventi e fatti concreti e comunemente noti, relativamente facili da verificare.

Si suppone che Sidney Warburg sia il banchiere e scrittore newyorkese James Paul Warburg, figlio di Paul Warburg, che fu Segretario di Stato sotto Wilson. Sidney può essere uno pseudonimo. James P. Warburg è nato ad Amburgo nel 1896. Nel 1902 giunse in America con il padre. Da giovane avrebbe trascorso diversi anni nell'azienda dello zio ad Amburgo, di cui si parla nella relazione a pag. 6. All'epoca dei suoi presunti viaggi in Germania aveva tra i 33 e i 37 anni. James P. Warburg era un delegato americano alla Conferenza economica mondiale di Londra del 1933, di cui si parla a pag. 4. James P. Warburg scrisse molto di economia e politica. Ad esempio, nel 1940 apparve un suo libro, dopo molti precedenti, intitolato Peace In Our Time?, un anno dopo un altro, Our War and Our Peace, nel 1944 un altro ancora, Foreign Policy Begins at Home. Nel 1942 apparve un suo libro di versi intitolato Il nemico dell'uomo e l'uomo. Ferdinand Lundberg lo definisce "politicamente aggressivo" nel suo noto libro America's Sixty Families. James P. dovrebbe contestare la paternità della relazione a lui attribuita. I Warburg americani provenivano dall'antica famiglia bancaria amburghese dei Warburg. Felix Moritz Warburg, il promotore del sionismo, nacque nel 1871 ad Amburgo, si recò negli Stati Uniti nel 1894 e vi sposò nel 1895 una figlia di Jacob Schiff della banca Kuhn, Loeb and Co. Felix ebbe quattro figli che possono essere chiamati in causa come autori del rapporto, se la prova della paternità di Warburg è effettivamente accurata. Il caso è tuttavia improbabile, perché nulla sembra predestinarli a questo ruolo. Paul Moritz Warburg, padre di James Paul, il suo unico figlio, nacque nel 1868 ad Amburgo, sposò nel 1895 una figlia di Salomon Loeb della banca Kuhn, Loeb & Co. e si stabilì, come già detto, negli Stati Uniti nel 1902. Poco tempo dopo fu membro del governo di Wilson. Il fratello maggiore di Paul e Felix, Max M. Warburg, nacque ad Amburgo nel 1867 e rimase a capo dell'azienda amburghese. Con il matrimonio dei Warburg con la banca newyorkese Kuhn & Loeb, i Warburg divennero la più importante potenza finanziaria capitalistica ebraica.

Il rapporto Warburg contiene diverse imprecisioni ed errori che, a prima vista, rafforzano i dubbi sulla sua autenticità. Vorremmo sottolineare questi punti. A p. 2 l'autore vuole "descrivere brevemente lo stato della finanza americana nel 1929". Ma poi fa riferimento a episodi degli anni successivi. Lo scioglimento della Banca di Darmstadt e della Banca Nazionale, il crollo di Nordwolle, la crisi del Kredit-Anstalt austriaco avvennero tutti nel 1931, il pagamento delle Young-

Obligations nel 1930. L'ammontare dei crediti insoluti all'estero degli Stati Uniti è indicato in 85 miliardi di dollari. Questa cifra è decisamente troppo alta. I crediti americani all'estero erano in realtà solo 18 miliardi di dollari.

Il titolo è Tre conversazioni con Hitler. A pag. 5 l'autore parla di "quattro conversazioni". Ci furono esattamente tre viaggi e cinque conversazioni separate con Hitler.

A pag. 24 il telegramma di risposta di Carter recita: "Spiegare all'uomo che un tale trasferimento (di 200-500 milioni di marchi) all'Europa manderà in frantumi il mercato finanziario. Assolutamente sconosciuto sul territorio internazionale". A p. 38 l'autore scrive che "il trasferimento di una somma così grande in pochi giorni (cento milioni di marchi) da New York all'Europa avrebbe certamente turbato il mercato azionario". Senza conoscere troppo bene queste transazioni finanziarie, questo timore ci sembra inverosimile.

A p. 30 l'autore afferma che il 14 settembre 1932 i nazisti avevano ricevuto 107 delegati al Reichstag. Questo è sbagliato. I nazisti avevano ricevuto 107 delegati al Reichstag il 14 settembre 1930, nel 1932 ne avevano già molti di più. Nella stessa pagina l'autore scrive: "Mio nonno è venuto in America novant'anni fa, mio padre è nato lì". Il padre del presunto autore, Paul Warburg, era nato ad Amburgo e si era stabilito con la famiglia negli Stati Uniti nel 1902.

Il raduno nazista descritto a p. 32 si riferisce al raduno elettorale di Breslau del 1° marzo 1933. Pertanto ebbe luogo dopo l'incendio del Reichstag e dopo le conversazioni di Warburg con Hitler. L'autore deve aver letto il rapporto durante il viaggio di ritorno da Berlino, non durante il viaggio.

A p. 34 l'autore legge in un giornale tedesco del febbraio 1933 che "von Pfeiffer era stato licenziato da Hitler e che (Gregor) Strasser era stato lasciato a bocca asciutta perché suo fratello (Otto) aveva incitato all'ammutinamento tra i Distaccamenti Tempesta". A pag. 37 Hitler dice contemporaneamente: "von Pfeiffer non è più con noi. Gli Strasser sono ridicoli. Un ammutinamento nelle SA contro di me, una riunione di tutti i Gauleiter e l'incidente è finito". Il lettore ha l'impressione che i casi di von Pfeiffer e Otto Strasser siano avvenuti di recente. Invece sono avvenuti nel 1930. È possibile, tuttavia, che abbiano avuto effetto in seguito e che siano stati nuovamente menzionati in concomitanza con la crisi di Gregor Strasser dell'inizio di dicembre 1932.

Forse l'errore più evidente si trova a p. 34, dove l'autore scrive che Hitler è già stato assunto al governo, ma non è ancora Reichskanzler. Il testo a p. 35 implica anche che nel febbraio 1933, secondo l'autore, von Papen, non ancora Hitler, è cancelliere. Da una frase a p. 24 ("Non dobbiamo dimenticare che nel 1931 Hitler non era ancora Reichskanzler, ma solo leader di un forte partito politico") si può concludere che l'autore sa, mentre scrive il rapporto nell'estate del 1933, che Hitler è cancelliere. Lo stesso si può dedurre dalla frase a p. 38 "dopo la sua vittoria finale". Nel 1933 tutti gli scolari d'Europa sapevano che Hitler era diventato immediatamente Reichskanzler quando era entrato nel governo alla fine di gennaio del 1933 e lo era rimasto fino alla sua morte. Forse ciò che ha contribuito a creare l'errore è stato il ricordo vivo e preciso dell'autore che Hitler all'inizio era solo nominalmente Reichskanzler, che von Papen & Co. non volevano rinunciare al potere effettivo e che la lotta per il potere all'interno del governo, di cui l'autore è stato testimone da vicino, continuò fino a quando Hitler non prese il potere totale nell'estate del 1933. In generale, la tensione della lotta tedesca per il potere nel febbraio del 1933 è descritta in modo assolutamente corretto dall'autore.

È possibile che il rapporto contenga altri errori e imprecisioni come questi. Tuttavia, non è certo che essi siano indicativi della falsificazione del rapporto nel suo complesso. Se accettiamo che il rapporto sia falsificato, allora proviene da un falsario molto abile che ha una profonda conoscenza dei fatti reali. Un falsario così abile non permetterebbe errori maldestri come quello del Reichskanzler o l'errata indicazione del numero dei delegati, tutti elementi che potrebbero rendere il lettore diffidente fin dall'inizio. Forse alcuni di questi errori sono stati fatti apposta per poterne negare la paternità se necessario, come, ad esempio, l'ipotesi che la famiglia dell'autore fosse negli Stati Uniti da 90 anni. In realtà, questi errori e queste superficialità sono più convincenti per l'autenticità che per la falsificazione. Un banchiere americano, appartenente alla cerchia degli uomini di mondo, che allo stesso tempo non si perde negli affari interni europei, non rigira ogni parola diciassette volte prima di scriverla, come farebbe un professore tedesco. Scrive di getto, liberamente a memoria, senza essere ostacolato da maggiori o minori precisazioni su questioni secondarie. Purché i punti principali emergano in modo netto e chiaro, e non si può contestare che lo facciano. Infine, il rapporto non contiene solo questi e forse altri errori, ma anche un gran numero, la maggioranza, di affermazioni accurate e dimostrabili. Inoltre, contiene molte osservazioni profonde ed eccellenti che dimostrano che l'autore non è un comune calzolaio, ma una mente colta, esperta e competente, dotata di un'intuizione spiegabile solo con un'elevata formazione teorica o con esperienze personali raccolte ai massimi livelli. Il rapporto contiene previsioni che sembravano improbabili nel 1933, ma che sono state confermate dagli eventi successivi. Infine, c'è una meravigliosa ammissione da parte di un partecipante. Naturalmente Goebbels non poteva tenere la bocca chiusa. Così, il 20 febbraio 1933, scrive nel suo caseificio "Von Kaiserhof zur Reichskanzlei": "Stiamo raccogliendo un'enorme somma per l'elezione (elezione del Reichstag del 5 marzo 1933) che elimina in un colpo solo tutti i nostri problemi finanziari". Anche se non sappiamo, ovviamente, se l'esclamazione di giubilo di Goebbels si riferisca al presunto denaro americano inviato da Warburg, la tempestiva coincidenza dei due eventi è comunque notevole.

Il rapporto Warburg nel suo complesso dà un'impressione di estrema serietà, di genuinità, di vivacità e di incredibile. Le descrizioni di Hitler e il contenuto delle sue conversazioni sembrano particolarmente autentiche e veritiere, e concordano con tutto ciò che sappiamo altrimenti sull'argomento. Dopo aver evidenziato gli errori, verranno citati alcuni fatti particolarmente rilevanti, con relativi commenti.

Fin dall'inizio, il riferimento nell'Avanti al conflitto all'interno del capitalista, alla mescolanza di onestà, decenza e corruzione, dimostra una grande consapevolezza; Marx, in Das Kapital, ha parlato chiaramente di questo ruolo economico, del doppio ruolo del capitalista.

Il grande uomo d'affari, che non si lascia ingannare da nessuna frase, appare in frasi brevi e concise come:

Il denaro è potere. Il banchiere sa come concentrarlo e gestirlo. Il banchiere internazionale fa politica internazionale... Chiunque capisca cosa si nascondeva dietro la parola "nazionale" negli ultimi anni e cosa vi si nasconde ancora, sa anche perché il banchiere internazionale non può tenersi fuori dalla politica internazionale. (p. 3)

Il mondo bancario americano non era mai stato

entusiasta di Wilson. Banchieri e finanzieri consideravano il suo idealismo abbastanza buono per lo studio, ma inadatto al mondo pratico e internazionale degli affari. (p. 4-5)

Cercate la spiegazione nelle opere di economia politica, negli esempi di economia pratica e internazionale, nei grassi libri sull'argomento che contengono molte idiozie, che tradiscono una totale mancanza di comprensione della realtà. Gli economisti politici sono, prima di tutto, degli accademici. (p. 6-7)

Non ha ragione?

Carter e Rockefeller hanno dominato il procedimento.

Carter è il rappresentante di Morgan. La Guaranty Trust appartiene al gruppo Morgan. Morgan e Rockefeller, i re non incoronati del mondo, danno gli ordini e tengono gli Hitler come marionette al laccio con i loro milioni. I Carter (padre e figlio) sono figure ufficiali nella direzione della banca Morgan a Parigi, che ha svolto un ruolo molto importante nel finanziamento della Prima Guerra Mondiale e nella regolamentazione dei debiti e delle riparazioni nel periodo tra le due guerre. L'uomo qui menzionato è forse identico a John Ridgley Carter, nato nel 1865, che ha sposato una certa Alice Morgan nel 1887, è stato legato fino al 1911 al servizio diplomatico americano e dal 1912 fa parte della direzione della Banca Morgan a

Parigi? La cosa calza piuttosto bene.

A p. 9 Hitler dice: "Non possiamo ancora contare sulla simpatia dei grandi capitalisti, ma dovranno sostenerci quando il movimento sarà diventato potente".

Secondo altre opinioni ampiamente diffuse, queste affermazioni sono del tutto esatte. Hitler ricevette le prime grandi somme di denaro da capitalisti stranieri come Ford, Deterding, ecc. I ricchi capitalisti tedeschi lo trattarono a lungo con riserva. Solo dopo la sua ascesa al potere la maggioranza lo seguì. Ma fu decisamente il capitale straniero a creare Hitler.

Le opinioni sulla politica estera che Hitler aveva nel 1931, secondo il rapporto del 1933, furono confermate dagli eventi successivi, così come le altre sue previsioni. La sua previsione del patto russo è la più sorprendente di tutte. A pag. 20 Hitler dice che nel 1931:

Il popolo tedesco deve essere totalmente autosufficiente e se non funziona solo con la Francia, allora coinvolgerò la Russia. Ai sovietici non possono ancora mancare i nostri prodotti industriali. Daremo credito e se non sarò in grado di sgonfiare la Francia da solo, allora i sovietici mi aiuteranno.

A Warburg, all'epoca, questo sembrava del tutto folle. Ecco perché aggiunse subito:

Devo fare una piccola osservazione. Quando sono tornato in albergo ho trascritto questa conversazione parola per parola. I miei appunti sono davanti a me e non sono responsabile della loro incoerenza o incomprensibilità. Se pensate che le sue opinioni sulla politica estera siano illogiche, è colpa sua, non mia.

Falsificazione!

La valutazione di Hitler dei "comunisti" tedeschi a p. 22 è molto precisa:

I migliori qui a Berlino sono comunisti, i loro leader si lamentano con Mosca delle loro cattive condizioni e chiedono aiuto. Ma non si rendono conto che Mosca non può aiutarli. Devono aiutarsi da soli, ma sono troppo codardi per farlo.

La posizione dei capitalisti ebrei in relazione a Hitler e al suo antisemitismo, come viene descritta nel rapporto, è stata dimostrata anche da altre fonti.

Ho parlato con un direttore di banca di Amburgo che avevo conosciuto bene in passato (molto probabilmente lo zio di Warburg). (molto probabilmente lo zio di Warburg) Era piuttosto preso da Hitler... Era difficile per me prendere sul serio la sua opinione, perché era un ebreo. Avevo bisogno di una spiegazione, così gli chiesi come fosse possibile che lui, in quanto ebreo, fosse solidale con il partito di Hitler. Si mise a ridere.

"Hitler è un uomo forte, ed è quello di cui la Germania ha bisogno". (p. 18)

Posi di nuovo la domanda su come il mio informatore, in quanto ebreo, potesse essere un membro del partito hitleriano. Egli passò sopra alla domanda con un gesto della mano. "Per ebrei Hitler intende gli ebrei galiziani, che hanno inquinato la Germania dopo la guerra".

Il comico sgomento di Warburg quando Hitler ha giustamente paragonato la questione ebraica in Germania con la questione dei negri in America è altrettanto credibile (p. 38).

Un importante elemento di fatto, che può rafforzare adeguatamente la reale possibilità dell'autenticità del rapporto Warburg per analogia, riguarda le numerose e incontestabili affermazioni sul sostegno morale, politico e finanziario e sulla promozione di Hitler e del nazionalsocialismo tedesco da parte di capitalisti stranieri e soprattutto americani, disseminate nella letteratura dell'epoca.

Innanzitutto, si può citare il caso di Henry Ford. Il re americano delle auto mobili era conosciuto negli anni Venti come l'uomo più ricco del mondo. All'inizio degli anni Venti portò avanti un'alleanza aperta e ben nota con gli antisemiti tedeschi come loro santo protettore, sostenuta dal libro *L'ebreo internazionale*, da lui illustrato e scritto da antisemiti russi bianchi. Questo libro è stato pubblicato in tedesco dall'antisemita Hammer-Verlag. In un annuncio dell'editore scrive:

Questo libro è da tempo entrato a far parte dell'armamentario di ogni tedesco mentalmente attento. Nessun'altra pubblicazione di portata simile, che tratti la questione ebraica con un ragionamento intellettuale, può vantare una diffusione più ampia.

Il 19 gennaio 1923, l'Hasler Nachrichten riporta: Henry Ford è forse il più grande antisemita del nostro tempo.

Il 13 settembre 1923 la Judische Pressenzentrale Zurich (Stampa ebraica centrale, Zurigo) scrive:

L'Internazionale antisemita si sta organizzando. Come ha scoperto il rappresentante del JOB, questa agitazione (antisemita) (in Cecoslovacchia) è iniziata circa due anni fa: subito dopo i negoziati che Henry Ford ha condotto con i politici tedeschi in Cecoslovacchia. Il tipo di agitazione in corso in Cecoslovacchia rafforza il sospetto che esista un luogo centrale per la propaganda antisemita internazionale, che cerca di istigare sistematicamente, secondo un piano definito, un movimento mondiale antisemita.

Il 9 novembre 1923, poco dopo il putsch della birreria di Hitler, la Arbeiter-Zeitung (giornale dei lavoratori) di Vienna scrisse che "era ben noto che Henry Ford spendeva grandi somme per fomentare il movimento antisemita in Europa".

La Judische Pressenzentrale di Zurigo riporta il 24 marzo 1924: - "Attacchi a Henry Ford nel Congresso americano".

In una delle ultime sessioni del Congresso, il deputato La Guardia pronunciò un discorso tagliente attaccando Henry Ford, accusandolo di diffondere l'antisemitismo in Europa. La Guardia spiegò: "La ricchezza di Henry Ford, insieme alla sua ignoranza, hanno reso possibile a persone malintenzionate di condurre una vile campagna contro gli ebrei. Questo non è vero solo in America, ma in tutto il mondo. Questa campagna disumana, anticristiana e malvagia ha raggiunto le altre sponde dell'oceano e ne vediamo le conseguenze nei pogrom di ebrei innocenti e indifesi in varie parti d'Europa. Confutate tutto questo, se potete!".

Il 25 aprile 1924 Crispin scrisse sul Vorwarts (Avanti) di Berlino: "Ludendorff e gli ebrei". -

Per completare il profilo caratteriale di Ludendorff, verrà rivelata la fonte della sua saggezza sugli ebrei. La fonte della sua saggezza è, secondo la sua stessa testimonianza, il libro diffuso a nome di Ford: The International Jew.

Nel 1927 apparve un attacco contro gli antisemiti da parte di C.A. Loosely: "Gli ebrei malvagi!". L'autore polemizza soprattutto contro i due leader letterari dell'antisemitismo, Ford e Rosenberg. Usa le espressioni "Ford e i suoi confederati con la svastica" (p. 57), "gli antisemiti tedeschi in alleanza con Ford" (p. 60), "il signor Ford e il signor Rosenberg" (p. 33).

Quanto segue è apparso nel libro di Upton Sinclair su Ford, il re dell'automobile, pubblicato in tedesco nel 1938 da Malik-Verlag, Londra:

L'ex redattore del Dearborn Independent (di proprietà di Ford) che aveva scritto l'articolo antisemita, era ora il segretario privato e capo ufficio stampa di Ford, che controllava tutte le sue relazioni pubbliche. William J. Cameron non aveva cambiato di una virgola le sue opinioni; al contrario, era in contatto con numerosi agenti antisemiti in tutto il mondo e li metteva in contatto con Henry Ford... I milioni di Ford lo circondavano come un prigioniero con agenti nazisti e calunniatori fascisti. Avevano già iniziato a lavorare su di lui quando il movimento hitleriano era ancora giovane e avevano ricevuto da lui 40.000 dollari per un'edizione tedesca dell'opuscolo antisemita, i cui nomi di Hitler e Ford comparivano insieme nel prospetto. In seguito, un nipote dell'ex-Kaiser si unì a Ford e con il suo aiuto 300.000 dollari confluirono nel partito nazista. Henry Ford aveva enormi fabbriche in Germania e non fu un idealismo utopico a spingerlo a combattere gli scioperi in quel Paese. - Poi entrò in scena Fritz Kuhn, il principale agente di Hitler in America, il capo in uniforme del Bund tedesco-americano, un'organizzazione semi-militare. Trasferì il suo quartier generale a Detroit e ottenne un posto nei laboratori della Ford. Fu avviata una nuova campagna antisemita e la fabbrica Ford pullulò di nazisti. (p. 248-249)

Il movimento hitleriano tedesco crebbe e si rafforzò a partire dal 1920 sotto la diretta, aperta e stretta partecipazione di Ford. Solo quando il sostegno pubblico di Ford non fu più necessario, egli si separò dall'antisemitismo. Tuttavia, continuò ad aiutare Hitler. Quest'ultimo gli conferì un ordine dopo la sua presa di potere. Il Volksrecht (Diritti del Popolo) riporta il 19 settembre 1945:

Gli stabilimenti Ford sono accusati di aver fornito regolarmente forniture ai nazisti. Lo riferisce il corrispondente dell'agenzia TASS di New York: "Documenti scoperti in Germania e indagini approfondite hanno dimostrato che l'americana Ford Co. produceva materiale bellico per i nazisti e assisteva gli armamenti tedeschi prima e durante la guerra fino al 1944. Prima di Pearl Harbor, Henry Ford in persona approvò i contratti tra le sue fabbriche e il governo di Hitler... Nel 1939 un regalo di 50.000 marchi sarebbe stato consegnato a Hitler da rappresentanti delle fabbriche Ford".

L'origine americana del fascismo europeo è evidente anche in un rapporto della Judische Pressezentrale di Zurigo del 22 dicembre 1922:

Uno dei leader del Ku Klux Klan spiegò in una conversazione con i giornalisti che il KKK aveva fatto tutti i preparativi per espandersi in un'organizzazione mondiale... in brevissimo tempo sarebbe stata fondata una filiale in Canada, mentre agenti fidati venivano inviati contemporaneamente in Europa per creare un'organizzazione del KKK in vari Paesi europei. Non sarebbe durato a lungo e il movimento si sarebbe esteso a tutto il mondo.

Il KKK europeo è nato sotto forma di fascismo e nazionalsocialismo.

Gli avvenimenti in Baviera nel 1923 forniscono informazioni molto interessanti e significative sulle fonti finanziarie straniere dei nazisti. L'impulso e gli interessi stranieri dietro i nazisti sono più facili da individuare agli inizi del movimento, perché allora non erano così pronunciati e i metodi di dissimulazione non erano ancora ben sviluppati. Gli eventi in Baviera dimostrano che le potenze e gli interessi stranieri furono coinvolti nel movimento fascista fin dall'inizio, desiderando guidarlo secondo i loro desideri.

Nel marzo del 1923 Fuchs, Machhaus & Co. tentarono un'acquisizione monarchica in Baviera. La Vienna Arbeiter-Zeitung scrisse il 24 giugno 1923:

Il processo (contro Machhaus & Co.) ha, per cominciare, stabilito con prove assolutamente incrollabili il finanziamento del movimento fascista da parte del governo francese. È stato inconfutabilmente provato e confermato da tutti i testimoni che più di cento milioni di marchi sono stati dati dall'agente francese Richert alle organizzazioni fasciste nella seconda metà dell'anno scorso... La Francia ha investito bene il suo denaro nei nazisti tedeschi, Millerand e Hitler stanno facendo il gioco dell'altro!

Il 10 luglio 1923 lo stesso giornale scrive nuovamente sulla vicenda:

Nel chiarire il verdetto è stato spiegato che... il denaro a sua disposizione (di Richert) era destinato a finanziare una presa di potere in Baviera e il rovesciamento del Reich tedesco... Richert lavorava su incarico del governo francese, e se la sua presa di potere fosse riuscita avrebbe dovuto comparire in tribunale come imputato principale insieme al governo francese...Il tentativo di rovesciare il governo tedesco da parte di Richert-Fuchs-Machhaus fu un'impresa distruttiva altamente ufficiale del governo francese contro la stabilità politica della nazione tedesca e quindi contro l'unità nazionale del popolo tedesco. Il governo francese progettò di realizzare questo rovesciamento in stretto coordinamento con le altre azioni francesi nella Ruhr. Gli eserciti francesi sul Reno e sulla Ruhr avevano l'ordine di iniziare a marciare da Francoforte verso Hof al momento del putsch bavarese, dividendo così il nord tedesco dal sud tedesco. Il rovesciamento della Baviera sarebbe stato il pretesto per l'occupazione del Meno attraverso la Francia e il governo francese avrebbe sperato in ulteriori vantaggi dal successo delle campagne separatiste in Baviera.

Questo è in sintesi il piano d'azione della Seconda Guerra Mondiale. Solo che il vero modello per Fuchs-Machhaus è Hitler, per la Francia è l'America e per Richert è Warburg. Anche Hitler aveva soldi francesi nel 1923. Il suo capo delle truppe d'assalto, Ludecke, aveva armato e investito un distaccamento d'assalto della Guardia hitleriana di Monaco di Baviera con uniformi a spese francesi, ma poco dopo, con grande dispiacere di Hitler, fu scoperto dalla polizia con enormi somme in franchi ed esposto. (Vedi Vienna Arbeiter-Zeitung) del 19 marzo 1923). Ma Hitler non aveva solo franchi, aveva anche sorprendenti quantità di dollari nell'epoca dell'inflazione del 1923. La sua insolita forza era forse il risultato del possesso di così tanti dollari? La Vienna Arbeiter-Zeitung si chiedeva il 15 aprile 1923: "Nomi come Ford, il mecenate americano dell'antisemitismo, non dovrebbero essere trovati sotto i nazisti tedeschi felici di regali che vivono all'estero?".

Il 17 febbraio 1923, la Vienna Arbeiter-Zeitung riportò la seguente notizia con il titolo: "L'Hitler con i dollari".

Che vergogna per i nazisti. Prima è stato dimostrato che ricevevano denaro dai francesi. Poi uno dei loro leader viene smascherato come spia francese e arrestato. Ora il Munchner Post è in grado di dimostrare che persino Hitler, noto generale nazista, è in possesso di un numero sorprendentemente elevato di dollari. Il nostro giornale di partito di Monaco scrive: Poco prima del Parteitag nazionalsocialista Hitler si è presentato in un ufficio commerciale di Monaco di Baviera in compagnia della sua "guardia del corpo" per acquistare i mobili per la redazione del Volkischer Beobachter (Osservatore del Popolo), un nuovo foglio nazista. Dopo il Parteitag, l'imprenditore si recò personalmente negli uffici del Volkischer Beobachter per ritirare l'importo. Hitler stava aprendo la posta. Tolse enormi somme in dollari da diverse buste che gli erano state inviate. Pagò la somma di cinque milioni da una valigetta piena di banconote. La faccia un po' stupita dell'uomo d'affari deve averlo spinto a dare una spiegazione a questa situazione tutto sommato insolita. Disse a mente fredda: "I vecchi fuddy-duddies vogliono sempre sapere dove prendiamo i nostri soldi. Vedete, i tedeschi che vivono all'estero sostengono il nostro movimento. Se dovessimo contare solo sui contributi dei magnati dell'industria, avremmo già da tempo bisogno dell'aiuto dei tedeschi che vivono all'estero". Il signor Hitler, quindi, ha a disposizione, come si può vedere, grandi quantità di denaro in valori esteri. La contorta spiegazione che sentiva di dover dare all'uomo d'affari, ovvero che il denaro proveniva da tedeschi residenti all'estero, è solo una via d'uscita da una situazione imbarazzante. Il denaro proviene dall'estero e il fatto, difficilmente contestabile, che il partito nazionalsocialista sia alimentato attraverso canali stranieri è così fermamente stabilito.

Nel processo Hitler di Monaco del 1924 fu stabilito che Hitler aveva ricevuto 20.000 dollari da industriali di Norimberga per il suo putsch. Niente infastidiva Hitler quanto l'accusa di essere finanziato da capitalisti stranieri. Per questo motivo, nel corso della sua ascesa al potere nel 1933, intentò azioni di diffamazione contro coloro che diffondevano tali opinioni. Poiché gli accusati non potevano naturalmente produrre ricevute e conferme scritte, e i tribunali proteggevano Hitler, e poiché inoltre gli ex partecipanti e i testimoni che si erano rivoltati contro i nazisti venivano crudelmente perseguitati dai loro ex amici, Hitler usciva regolarmente vincitore da questi processi, se non preferiva semplicemente lasciare che si esaurissero da soli. Un processo di questo tipo ebbe luogo nel 1923 a Monaco. La Vienna Arbeiter-Zeitung scrisse il 23 giugno 1923:

Il delegato della Lantag Auer dichiarò come testimone di aver ricevuto l'informazione che somme di denaro, una delle quali di trenta milioni di marchi, erano state trasferite per tre volte dal territorio della Saar alla Deutsche Bank, ed erano arrivate in possesso di persone che altrimenti non avevano denaro di cui disporre. Ci sono prove che dimostrano che il denaro proveniva da Ford, il proprietario di una fabbrica di automobili, che aveva un ruolo importante nel Partito Nazionalsocialista dei Lavoratori ed era una delle autorità del sindacato francese del ferro. - Il negoziante Christian Weber, membro della direzione del partito nazionalsocialista, dichiarò che il partito riceveva certamente denaro dall'estero, in gran parte da membri del partito in Cecoslovacchia e da amici in America.

Un processo simile si svolse contro lo scrittore Abel a Monaco di Baviera nell'estate del 1932, quindi poco prima della presa di potere di Hitler. L'Imprekoor del 14 giugno 1932 riporta quanto segue:

Hitler e alcuni dei suoi collaboratori, che parteciparono alla battaglia come testimoni, fecero del loro meglio per essere vaghi e non rivelare nulla. I tribunali aiutarono persino Hitler in questi sforzi. Il punto centrale del processo fu l'interrogatorio di Hitler, che si svolse in circostanze sensazionali. Il leader della Casa Marrone era ovviamente preoccupato di far esplodere il procedimento, per evitare domande imbarazzanti. In realtà riuscì a sguisciare via al momento giusto grazie a un vero e proprio attacco di delirio (persino con la schiuma alla bocca!)... La scampò bella quando venne fuori la questione delle fonti finanziarie straniere. Tuttavia, ammise ambiguamente che la NSDAT era sempre stata sostenuta dai suoi membri all'estero; quindi i tedeschi all'estero e naturalmente anche i mecenati nazisti in Germania potevano essere i canali attraverso i quali poteva fluire il denaro di Deterding, Schneider-Creuzot e Skoda. Ma quando gli avvocati fecero a Hitler domande assolutamente dirette, egli cominciò a urlare come un ossesso, a insultare gli avvocati e a rifiutare la testimonianza. Persino il tribunale di Monaco, di solito così favorevole a lui, non poté evitare di multarlo di 1.000 marchi per "comportamento abusivo" e rifiuto di testimonianza, che avrebbe potuto danneggiare Hitler. - I dinieghi e gli sfoghi di Hitler sono estremamente trasparenti. È già stato smascherato sull'unica questione a cui ha risposto, e può anche essere sospettato di falsa testimonianza. Ha spiegato di non aver mai visto né parlato con l'italiano Migliarati, che, secondo le affermazioni di Abel, è sospettato di avergli consegnato somme di denaro. Nel frattempo era già stato dimostrato dal Bayrischen Courier che Migliarati aveva pubblicizzato un'intervista con Hitler in un momento critico. Ora è del tutto comprensibile il motivo per cui Hitler lasciò che si arrivasse a una negazione della testimonianza e poi lasciò Monaco in fretta e furia. Le risposte alle numerose e precise domande della difesa avrebbero fatto molta luce sulle fonti finanziarie di Hitler, sulle azioni che un leader può effettivamente compiere, ma che la gente comune non tollera.

Anche la Neue Zurcher Zeitung la pensava allo stesso modo, ovvero che Hitler verificasse le accuse di Abel piuttosto che smentirle con il suo comportamento insolito in tribunale.

I forti legami finanziari tra Sir Henry Deterding, capo della Royal Dutch Petroleum Co. e Hitler sono ben noti e ancora freschi nella memoria, tanto che è sufficiente citarne il nome in questa sede. Konrad

Heiden scrive a questo proposito nella sua biografia di Hitler: "I legami finanziari diretti e indiretti con Henry Deterding... il grande ispiratore e donatore delle campagne antibolsceviche non sono stati negati".

Hitler ricevette molti milioni di dollari da Deterding, l'ultima residenza di Deterding fu una tenuta in Germania e un rappresentante del governo Hitler parlò alla sua tomba.

La letteratura contemporanea contiene numerose allusioni e testimonianze sulle fonti finanziarie estere di Hitler, di cui quelle citate in precedenza sono solo alcuni esempi; di seguito ne verranno citate altre:

La Neue Zurcher Zeitung scrisse nell'edizione quotidiana del 18 ottobre 1929, mentre il movimento nazista cominciava a crescere a dismisura, sotto il titolo "Non olet!" (Il denaro non puzza!). (Il denaro non puzza!):

L'insolita quantità di propaganda diffusa oggi dai nazionalsocialisti in tutta la Germania, i loro costumi e i giochi da soldato, tutti articoli che costano ingenti somme di denaro, impongono la domanda: da dove proviene il denaro? Non è possibile che provengano solo dall'organizzazione stessa, considerando il modo in cui l'intera struttura è stata messa in piedi. Da dove proviene? Il Badische Beobachter, organo principale del Baden centrale... ha informazioni molto interessanti sulle fonti finanziarie che confluiscono nel movimento hitleriano. La conclusione è che il denaro per il vasto e costoso apparato di agitazione nazionalsocialista proviene... Per questi eredi del patriottismo, che quotidianamente accusano di tradimento i loro oppositori e che si stimano particolarmente per la loro assoluta germanizzazione, è degno di nota il fatto che il denaro che sta dietro al loro movimento proviene principalmente dall'estero, A il dott. Gausser trattava con donatori svizzeri, il mercante d'arte di Monaco Hanffstangel con gli americani, l'ingegnere Jung e il dottor Krebs con i cecoslovacchi, il professore universitario Freiherr von Bissing raccoglieva denaro per il movimento hitleriano in Olanda. La corrispondenza era trattata con grande cura e avveniva solo sotto indirizzi nascosti. Il nome di Hitler non veniva mai menzionato. Il nome di Hitler non veniva mai menzionato, nelle lettere veniva sempre chiamato "Wolfi"... Il denaro proveniva anche da Ford e grandi somme venivano date da grandi industriali in Cecoslovacchia - Alla provenienza estera del denaro si aggiunge, secondo questo rapporto, la sua origine capitalistica, una caratteristica che ancora oggi gioca il ruolo più sostanziale nel finanziamento del Partito Nazionalsocialista, oltre a tutto ciò che si sa o si sospetta del movimento.

Infine, va ricordato che l'11 febbraio 1932 il delegato socialista Paul Faure dimostrò alle Camere francesi che la fabbrica ceca Skoda, insieme all'Unione Europea dell'Industria e della Finanza, che opera in collegamento con Schneider-Creuzot, versava ingenti somme al Partito Nazionalsocialista Tedesco di Hitler.

Alla fine del 1931 Hitler fornì alla stampa anglo-americana una spiegazione della politica estera che corrisponde perfettamente alle opinioni espresse nel rapporto Warburg. L'Imprekoor dell'8 dicembre 1931 riporta il titolo: "Hitler in ginocchio davanti alla finanza mondiale".

I nazisti credono nella vecchia illusione di poter contare sul sostegno dell'Inghilterra e dell'America di fronte all'imperialismo francese. Ecco perché in questo discorso Hitler assunse la tesi inglese-americana della "priorità" dei debiti privati rispetto a quelli politici. Ecco perché condì le sue spiegazioni sulla questione dei tributi con diversi attacchi a Parigi, speculando sul crescente sentimento antifrancese soprattutto in Inghilterra... Ecco perché fece un'ammissione particolarmente forte riguardo al pagamento dei prestiti e dei crediti anglo-americani.

In questa sede verrà citata la preziosa testimonianza di Dodd. Dodd fu ambasciatore americano a Berlino dal 1933 al 1938. In questa posizione incontrò molte personalità americane e tedesche di alto livello. I suoi appunti furono pubblicati dai figli nel 1943 in un libro che divenne famoso. Il sostegno di Hitler da parte del capitale americano appare con insolita chiarezza nel diario di Dodd. I banchieri americani, preoccupati per i loro investimenti in Germania, appoggiarono il nazismo senza eccezioni. Dopo l'ascesa al potere di Hitler, le industrie di armamenti americane e inglesi gli consegnarono materiale bellico. Anche i ricchi ebrei tollerarono e aiutarono Hitler, tra cui i Warburg. Alcune osservazioni particolarmente degne di nota negli schizzi di Dodd sono sufficienti a illustrare il punto.

Dodd scrive di un ricco newyorkese:

Era fortemente contrario alla Rivoluzione russa ed entusiasta del regime di Hitler in Germania. Odia gli ebrei e spera di vederli trattati di conseguenza. Naturalmente mi consigliò di lasciare che Hitler andasse per la sua strada. (p. 24)

Il professor John Coar ha voluto parlare con assoluta franchezza. Mi disse che era stato un amico personale di Adolf Hitler e che nel 1923 lo aveva consigliato contro il suo putsch in Baviera. (Quindi Hitler aveva consiglieri americani nella sua cerchia già nel 1923!) Hitler continuava a concedergli interviste e lui aveva intenzione di recarsi nella casa estiva di Hitler in Baviera tra alcuni giorni. Si offrì di riportarmi un resoconto esatto della sua conversazione con Hitler, se gli avessi dato una lettera per il presidente Roosevelt, al quale desiderava portare un rapporto finale. (p. 34)

Schacht è il vero padrone qui, e i funzionari governativi non osano ordinargli di fare nulla. (Registrazione del 3 gennaio 1934) (p. 82).

Una sera mia moglie ha fatto visita al barone Eberhard von Oppenheim, che vive splendidamente e tranquillamente vicino a noi. Erano presenti molti nazisti tedeschi. Si dice che Oppenheim abbia dato al partito nazista 200.000 marchi e che abbia ricevuto una speciale dispensa dal partito, che lo dichiara ariano. (p. 86)

Ivy Lee e suo figlio James sono venuti a pranzo alle 13:30. Ivy Lee si è dimostrato un capitalista e un sostenitore del fascismo allo stesso tempo. Raccontava della sua battaglia per il riconoscimento della Russia, ed era incline a darne il merito. Il suo unico obiettivo era quello di aumentare i profitti delle imprese americane, (p. 87)

Lazaron (un rabbino americano) è qui per ottenere informazioni sulle possibilità per i Warburg, che rimpiangono la posizione estrema del rabbino Wise (contro i nazisti), (p. 148)

L'importante banchiere amburghese Max Warburg, fratello di Felix Warburg a New York, venne all'ambasciata per incontrarmi su richiesta del rabbino Lazaron. La vita travagliata che aveva condotto negli ultimi anni si era manifestata su di lui, e ora rischiava di perdere la vita se le sue opinioni fossero state rese note al governo. Si fermò un'ora. Ritiene che il rabbino Wise e Samuel Untermyer a New York abbiano messo in grave pericolo gli ebrei che vivono negli Stati Uniti e in Germania con le loro proteste pubbliche. Ha detto che Felix Warburg è dello stesso parere. Questi due uomini sono in completo accordo con il colonnello House, che cerca di alleggerire il boicottaggio ebraico (contro la Germania nazista) e di ridurre il numero di ebrei nelle alte sfere degli Stati Uniti. (p. 155)

Ho fatto visita a Eric Phipps e gli ho riferito in via confidenziale che Armstrong-Vickers, l'enorme azienda britannica di armamenti, aveva negoziato la vendita di materiale bellico qui la scorsa settimana... Venerdì scorso ho detto a Sir Eric che gli addetti agli armamenti britannici stavano vendendo qui enormi quantità di materiale bellico. Sono stato abbastanza franco - o indiscreto - da aggiungere che mi risultava che i rappresentanti della Curtiss-Wright, dagli Stati Uniti, fossero qui per negoziare vendite simili. (p. 186)

Ho detto a Lewis che Hearst ha sostenuto e visitato Mussolini per cinque o sei anni. Lo informai della visita di Hearst a Berlino lo scorso settembre e del suo accordo con Goebbels affinché il Ministero della Propaganda tedesco avesse tutti i giornali europei di Hearst contemporaneamente agli Stati Uniti, (p. 221)

Il povero Lazaron era molto arrabbiato perché tanti ricchi ebrei hanno capitolato con la leadership nazista e sono influenti aiutanti finanziari del dottor Schaft, che trova il loro sostegno nella situazione attuale molto importante, (p. 236)

Nemmeno il processo di Norimberga ha potuto sopprimere le prove delle relazioni, un tempo strette, amichevoli e buone, tra il capitale anglo-americano, i suoi governi e Hitler, nonostante gli sforzi della corte di vigilare con zelo affinché questo aspetto della questione non venisse mai sollevato, dichiarando le dichiarazioni al riguardo "irrilevanti e immateriali". Schacht ha citato in particolare questo argomento critico.

Quando Schacht tirò di nuovo in ballo le relazioni delle potenze straniere con il regime nazionalsocialista e l'assistenza che gli fornivano, la corte decise che queste informazioni non avevano nulla a che fare con la questione, ed erano quindi inammissibili... Schacht aveva lasciato che i rappresentanti delle potenze straniere lo convincessero che avrebbero dovuto sostenere il governo nazionalsocialista nella sua fase iniziale. Il tribunale rifiutò di ammettere tutte queste dichiarazioni. (NZZ n. 758, 2 maggio 1946)

Funk scrisse un rapporto (sugli aiuti finanziari che Hitler ricevette dai capitalisti) che fa luce sulla storia iniziale del Terzo Reich in modo interessante. Il ruolo dei donatori deve essere tenuto in grande considerazione, perché i loro doni e l'assistenza altrimenti concessa favorirono straordinariamente l'ascesa di Hitler. Per questo motivo un pesante fardello storico grava sui banchieri e sugli industriali interessati. Insieme a Schacht, von Papen e Hugenberg fanno parte dei "gradini della scala", quel gruppo di uomini influenti che hanno dato un contributo importante al successo finale del nazionalsocialismo. (NZZ n. 805, 8 maggio 1946)

Baldur von Schitach parlò per più di un'ora della sua giovinezza e disse, tra l'altro, che era stato il libro di Henry Ford L'ebreo internazionale a convertirlo all'antisemitismo. (NZZ n. 916, 24 maggio 1946)

Queste sono diverse illustrazioni del sostegno di Hitler attraverso i capitalisti stranieri. Questa raccolta potrebbe continuare all'infinito. Gli esempi citati sono sufficienti per i nostri scopi.

Hitler è stato creato non solo dal capitale tedesco, ma soprattutto dal capitale internazionale e in particolare da quello americano, che è intervenuto in modo decisivo fin dall'inizio, dal 1920 circa, nella lotta per il potere in Germania. Se questa battaglia tedesca per il potere fosse stata decisa all'interno della Repubblica di Weimar solo con mezzi tedeschi, Hitler non avrebbe mai vinto. Hitler è diventato l'uomo più forte in Germania perché ha avuto accesso alla più forte assistenza internazionale. La sua forza e il suo successo possono essere compresi solo se si tiene conto di questo fatto.

Il rapporto Warburg può essere autentico. Non lo riteniamo autentico perché non abbiamo prove assolute (per inciso, mancano anche le prove per ipotizzare una falsificazione). Per il momento, quindi, il rapporto Warburg rimane un problema. Si può certamente supporre che il rapporto Warburg sia simbolicamente vero, poiché descrive in modo semplice, generalmente comprensibile e chiaro le reali relazioni tra Hitler e il capitale americano e internazionale, prove che sono state dimostrate migliaia di volte. Hitler ha usato il capitale americano e internazionale per provocare la Seconda Guerra Mondiale, per distruggere e infine occupare la Germania e l'Europa.

Chi è peggio, gli strumenti o i loro istigatori, che poi se ne lavano le mani con innocenza, e dannano i loro stessi strumenti e creazioni, eliminandoli alla fine come pericolosi testimoni? Un "ordine" che ha bisogno di tali strumenti e mezzi deve essere condannato.

Il rapporto Warburg, se dovesse essere autentico, è uno dei documenti più interessanti e importanti della nostra epoca, perché illumina tutta la zona d'ombra in cui sono stati creati Hitler e la seconda guerra mondiale, e perché dimostra che il nucleo del capitale internazionale, il capitale americano, è il criminale di guerra numero uno.

È soprattutto un "manuale" sociologico e politico di prim'ordine, perché presenta le relazioni tra economia e politica del nostro tempo in modo concreto, come una testimonianza vivente, dando al lettore uno sguardo nelle segrete stanze interne dell'impero capitalista. Allo stesso tempo è un documento sconvolgente, perché viene chiarito in modo inequivocabile che le incredibili sofferenze e i sacrifici dell'umanità negli ultimi quindici anni sono stati provocati e subiti nell'interesse dell'alta finanza internazionale e soprattutto americana. È un obbligo per il potere generale e per l'umanità scoprire la verità su questo rapporto e farlo conoscere e circolare a questo scopo.

Ottobre 1946.

Altri titoli

LE FONTI FINANZIARIE DEL NAZIONALSOCIALISMO

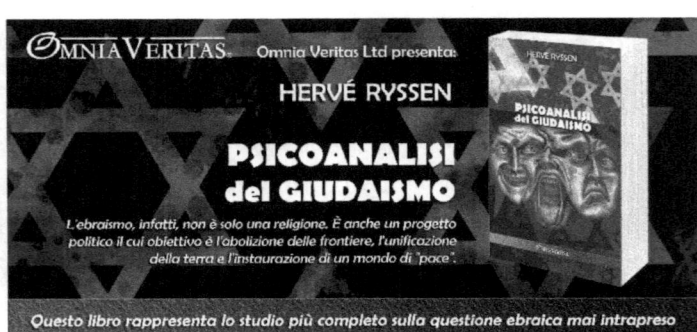

LE FONTI FINANZIARIE DEL NAZIONALSOCIALISMO

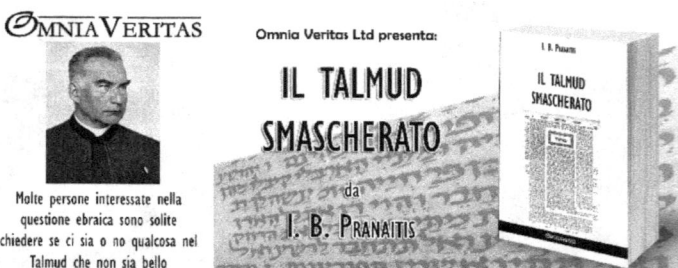

www.ingramcontent.com/pod-product-compliance
Lightning Source LLC
Chambersburg PA
CBHW070909160426
43193CB00011B/1411